무용치료의 이론과 실제

DANCE THERAPHY

무용은 단순한 몸의 움직임이 아니라 내면의 솔직한 언어
춤은 우리 삶을 치유하는 가장 강력한 도구

심미경 지음

새움아트

머 리 말

춤이 단순한 몸의 움직임이 아니라, 우리 내면의 가장 솔직한 언어임을 깨달은 순간부터 이 책의 집필은 시작되었습니다. 오랜 시간 무용 치료 현장에서 수많은 이들과 함께 몸으로 소통하며, 저는 말로는 다 설명할 수 없는 감정과 기억들이 움직임 속에 어떻게 녹아 있는지 목격했습니다. 이 책 《무용치료의 이론과 실제》는 바로 그 깊고 경이로운 치유의 여정을 기록하고, 여러분과 나누고자 하는 마음의 산물입니다.

이 책은 무용 치료의 학문적 토대와 임상적 활용을 균형 있게 다루는 데 중점을 두었습니다. 이론 편에서는 무용 치료의 근간을 이루는 다양한 심리학적 접근법들을 명확하게 정리했습니다. 프로이트와 융의 분석 심리학을 통한 무의식과 원형 탐색부터, 인본주의적 접근을 통한 자아실현, 인지행동적 접근을 통한 행동 수정에 이르기까지, 각 이론이 춤과 어떻게 결합되어 치료적 효과를 내는지 구체적으로 설명했습니다.

실제 편에서는 이론을 현실에 적용할 수 있는 구체적인 가이드를 제공합니다. 동작 분석(Movement Analysis)의 원리를 상세히 다루고, 우울, 불안, 트라우마 등 다양한 심리적 문제에 대한 맞춤형 '치유 무용' 기법들을 제시했습니다. 또한 실제 내담자들의 사례를 통해 상담의 시작부터 종결까지의 과정을 단계별로 보여줌으로써, 독자들이 현장감을 느낄 수 있도록 구성했습니다.

이 책은 무용 치료를 깊이 탐구하고자 하는 학생들에게는 든든한 학문적 기반을, 현직 상담사들에게는 새로운 통찰과 실용적인 도구를, 그리고 무용과 심리에 관심 있는 모든 이들에게는 몸과 마음의 연결을 이해하는 새로운 시각을 제공할 것입니다.

이 책을 통해 춤이 단순한 예술을 넘어 우리 삶을 치유하는 가장 강력한 도구임을 발견하시길 바랍니다. 몸을 움직이는 순간, 우리의 마음은 변화의 첫걸음을 내딛습니다. 그 소중한 첫걸음에 이 책이 함께하기를 기대합니다.

이 책은 무용 치료 전문가를 꿈꾸는 학습자들에게는 든든한 길잡이가 되고, 현장에서 활동하는 무용 치료사들에게는 새로운 통찰을 주는 동료가 되기를 바랍니다. 또한, 심리학이나 상담 분야에 종사하면서 몸의 언어에 대한 이해를 넓히고 싶은 모든 분들에게도 유용한 자원이 되기를 소망합니다.

우리가 몸을 움직일 때, 마음 역시 움직입니다. 이 책이 독자 여러분의 마음과 몸의 연결을 깊이 이해하고, 궁극적으로는 그 치유의 여정에 함께하는 소중한 동반자가 되기를 기대합니다. 춤이 가진 본연의 치유 에너지가 여러분의 삶에 행복감을 선사하길 기원합니다.

지은이 심미경

차 례

머리말 ··· iii
차 례 ··· v

제1장 무용이란 무엇인가? ·· 1

01. 무용의 정의 ··· 3
02. 무용의 기원 ··· 5
　가. 종교적 기원설(Religious Origin) ······································ 5
　나. 성본능적 기원설(Instinctive Origin) ································· 5
　다. 유희적 기원설(Play Origin) ·· 6
　라. 예술적 기원설(Artistic Origin) ·· 6
03. 무용의 장르 ··· 8
　가. 순수 무용(Concert Dance) ··· 8
　나. 민속 무용(Folk Dance) ··· 9
　다. 실용 무용(Social Dance) ·· 9
04. 무용의 중요성 ·· 11
　가. 신체적 중요성 ··· 11
　나. 정신적 중요성 ··· 11
　다. 사회적 중요성 ··· 12
05. 무용의 효과 ··· 13
　가. 건강 기능 ··· 13
　나. 정서적 기능 ·· 14
　다. 사회적 기능 ·· 14
06. 무용 교육 ··· 15
07. 무용 시장의 전망 ··· 16
　가. 공연 시장의 변화 ·· 16
　나. 교육 및 실용 무용 시장의 성장 ······································ 17
　다. 무용 관련 직업의 다양화 ··· 17

제2장 댄스의 역사 ········· 19

- 01. 원시(Primitive)시대의 춤 ········· 21
- 02. 고대(Ancient)의 춤 ········· 23
- 03. 중세(Medieval)의 춤 ········· 26
- 04. 르네상스(Renaissance)시대의 춤 ········· 28
- 05. 근대(Modern)의 춤 ········· 30
- 06. 현대 무용(Contemporary Dance) ········· 33

제3장 무용의 종류 ········· 37

- 1. 한국 무용 ········· 39
  - 가. 전통 무용 ········· 42
  - 나. 창작 무용 ········· 43
- 2. 발레 ········· 44
  - 가. 특징 ········· 44
  - 나. 역사 ········· 46
  - 다. 종류 ········· 48
- 3. 재즈댄스 ········· 51
  - 가. 특징 ········· 51
  - 나. 역사 ········· 52
  - 다. 종류 ········· 53
- 4. 댄스스포츠 ········· 56
  - 가. 스탠더드 댄스(모던댄스) ········· 58
  - 나. 라틴 아메리칸 댄스 ········· 59
- 5. 스트릿 댄스 ········· 63
- 6. 왁킹댄스 ········· 66
- 7. 라인댄스 ········· 68
- 8. 방송댄스 ········· 71
  - 가. 특징 ········· 71
  - 나. 역사 ········· 72
- 9. Zumba 댄스 ········· 74

제4장 무용 치료란 무엇인가? … 75

- 01. 무용 치료의 정의 … 77
- 02. 무용 치료의 원리 … 79
  - 가. 몸과 마음의 통합(Mind-Body Connection) … 79
  - 나. 비언어적 소통(Nonverbal Communication) … 79
  - 다. 상징과 은유(Symbolism and Metaphor) … 80
  - 라. 창의적 표현(Creative Expression) … 80
- 03. 무용 치료의 역사 … 81
- 04. 무용 치료의 장점 … 83
- 05. 무용 치료의 가능성 … 84
- 06. 무용 치료의 효과 … 86
  - 가. 심리적 효과 … 86
  - 나. 신체적 효과 … 86
  - 다. 인지적 효과 … 87
  - 라. 사회적 효과 … 87
- 07. 무용 치료 방법 … 89
- 08. 무용의 심리극 … 92
- 09. 무용 치료의 활용 … 94
  - 가. 정신질환 치료 … 94
  - 나. 신체 재활 및 기능 향상 … 95
  - 다. 사회성 및 관계 개선 … 95
  - 라. 자기 계발 및 웰빙 … 96
- 10. 무용 치료의 전망 … 97
  - 가. 정신 건강에 대한 사회적 인식 변화 … 97
  - 나. 고령화 사회와 웰빙 산업의 성장 … 97
  - 다. 무용의 대중화와 융합 … 98
  - 라. 전문성 강화와 직업 안정성 … 98

제5장 무용 치료의 이론적 접근 방법 … 99

- 01. 정신역동적 무용치료 모형 … 101
- 02. 현상학적 무용치료 모형 … 105
- 03. 게슈탈트 무용치료 모형 … 108

04. 인간 중심 무용치료 모형 ··· 111
05. 행동적·인지적·발달적 무용치료 모형 ································· 114

제6장 무용 치료의 적용 ·· 117

01. ADHD ·· 119
02. 강박신경증 ··· 123
03. 대화 단절 ·· 126
04. 우울증 ·· 129
05. 사회성 부족 ··· 133
06. 스트레스 ·· 138
07. 자존감 ·· 141
08. 자폐증 ·· 145
09. 정서불안 ·· 148
10. 학습 부진 ·· 151
11. 자기 효능감 ··· 154

제7장 무용심리상담사 ·· 159

01. 무용심리상담사의 역할 ·· 161
02. 무용심리상담사의 직무와 자격 기준 ······························ 163
03. 무용심리상담사의 자질 ·· 165
04. 무용심리상담사의 역할 ·· 167
05. 무용심리상담사의 활동 방법 ·· 169
06. 무용심리상담사의 전망 ·· 170

제8장 무용치료 상담 과정 ··· 173

01. 접수 ·· 175
　가. 전화 접수 ··· 175
　나. 방문 상담 ··· 177
02. 상담 계약 ·· 178
　가. 인사 ·· 178
　나. 신뢰감 형성 ··· 178

viii

다. 심리검사 ································· 178
　　라. 상담과정 설명 ··························· 179
　　마. 상담계약서 작성 ······················· 180
　　바. 상담 시작 고지 ························· 180
　03. 상담 시작 ······································· 181
　　가. 상담 주제 탐색 ························· 181
　　나. 사례 개념화 ······························· 181
　　다. 상담 계획 수립 ························· 182
　　라. 상대방에 대한 이해 ················· 182
　　마. 일관적 성실성 ··························· 184
　　바. 상담 전문성 확보 ····················· 184
　　사. 상담목표 설정 ··························· 185
　04. 무용 동작 분석 ······························· 186
　　가. 무용 동작 분석의 필요성 ······· 186
　　나. 동작에 따른 심리표현 ············· 187
　　다. 춤에서 손 동작에 따른 심리 표현 ··· 182
　　라. 춤에서 발 동작에 따른 심리 표현 ··· 192
　　마. 구체적인 동작에 따른 심리 표현 ··· 193
　　바. 상담 전문성 확보 ····················· 184
　05. 상담 진행 ······································· 194
　　가. 문제해결 ····································· 195
　　나. 치유 무용 ··································· 195
　　다. 행동변화 촉진 ··························· 197
　06. 피드백 ··· 199
　07. 상담 종결 ······································· 200
　　가. 연장 협의 ··································· 200
　　나. 지속적인 관심 ··························· 201

제9장 다른 심리치료와의 비교 ································· 203

　01. 심리치료 간의 차이점 ················· 205
　02. 여행치료 ··· 208
　03. 요리치료 ··· 213
　04. 미술치료 ··· 216

05. 음악치료 221
06. 독서치료 225
07. 모래놀이치료 227
08. 이야기치료 228
09. 동물매개치료 230

부록 233

01. 상담신청서 235
02. 상담 계약서 236
03. 상담 일지 239
04. 무용심리상담사 양성과정(2일 과정) 240
05. 무용심리상담사 양성과정(40시간 과정) 242
06. 무용심리상담사 양성과정(100시간 과정) 246

참고 문헌 253

저자 소개 256

제1장
무용이란 무엇인가?

01 | 무용의 정의

　무용(舞踊)은 인간의 신체를 표현 매체로 사용하여 감정, 사상, 감각, 정서 등을 율동적으로 표현하는 예술 행위를 말한다. 즉, 무용은 음악에 맞추어 율동적인 동작으로 사상, 감정, 의지를 신체로 표현하는 예술을 말한다. 춤은 인간의 가장 원초적인 표현 수단 중 하나이며, 인류의 역사와 함께 발전해 왔다.

　무용(舞踊)은 우리 말로는 춤이라고 하며, 영어로는 댄스(dance)라고 한다. 댄스(dance)의 어원은 그리스어의 라틴어에서 Tenein(테네인)로 기원되며, '긴장, 온몸이나 수족을 충분히 뻗친다, 지탱한다, 지속한다' 등 신체의 주요한 움직임을 의미하기도 한다. 중세 영어는 Daunce(다운스)라고 하였으며, 독일어의 탄쯔, 프랑스어의 당스라고 부르며, 일상생활의 경험과 환희를 표현하는 율동이라는 의미를 가졌다.
　또 한 가지의 댄스의 어원은 고대 인도의 산스크리트 원어로 Tanha(탄하)라고도 하며, 어원(語源)이며 Tanha는 '생명의 욕구'라는 뜻으로 댄스는 자신의 욕구를 표현한다는 의미로 사용되었다.
　무용이라고 하면 발레부터 떠 올리는 것이 일반적이나 무용은 여러 장르의 춤을 전부 아우르는 단어라고 할 수 있다. 춤과 무용은 영어로는 dance로 똑같이 해석되나, 엄연히 다른 뉘앙스로 받아들여진다.
　우리나라는 한자어로 된 표현을 선호하다 보니, 춤이라는 단어보다는 무용이라는 단어가 보다 고전적인 발레는(Ballet)로 인식하는 경우가 많으며, 댄스는 스포츠댄스, 라인댄스, 줌바 댄스처럼 모던 댄스(Modern dance)로 인식하고 있다.

춤은 한국무용(Korean dance)인 태평무, 일무, 승무 등에서 사용한 춤출 '무(舞)', 탈춤, 칼춤, 북춤 등에서 '춤'을 사용하고 있으며, 춤의 의미는 장단에 맞추거나 흥에 겨워 팔다리와 몸을 율동적으로 움직여 뛰노는 동작으로 인식하여 전통무용만이 아니라 업소에서 흥에 겨워 추는 막춤이나 몸짓으로 인식하고 있다.

이처럼 무용이나, 춤, 댄스는 엄밀하게 보면 차이가 있지만 모두 음악에 맞추어 율동적인 동작으로 사상, 감정, 의지를 신체로 표현하는 예술이기 때문에 같은 의미로 보아도 된다. 무용은 생활의 경험, 기쁨, 자신의 감정이나 의지, 욕구 같은 것을 예술적으로 표현하는 활동을 말한다.

무용은 공간, 시간, 힘의 세 가지 요소로 이루어진다. 신체의 움직임을 통해 공간을 형성하고, 일정한 리듬과 속도로 시간을 조절하며, 움직임의 강약으로 힘을 표현한다. 따라서 무용은 시대와 문화에 따라 다양한 형태로 발전해 왔으며, 오늘날에는 다양한 장르의 춤을 아우르는 넓은 개념으로 사용되고 있다.

최근 들어서는 무용을 건강을 위해서 영혼의 결합된 신체적 운동으로서 표현하기도 한다. 무용은 신체의 자연 운동으로 표현하는 공간적, 시간적 종합예술로, 무용을 돋보이게 하기 위하여 음악, 미술, 무대 등 그 밖의 것들을 활용하여 효과적으로 표현하기도 한다.

02 | 무용의 기원

무용의 기원은 인류의 역사와 함께 시작되었다고 할 수 있다. 언어가 발달하기 이전부터 무용은 인간의 가장 원초적인 표현 수단이었으며, 생존과 직결된 중요한 행위였다. 무용의 기원을 설명하는 대표적인 학설은 다음과 같다.

가. 종교적 기원설(Religious Origin)

이 학설은 무용이 신에게 제사를 지내고, 초자연적인 힘을 얻기 위한 주술적 행위에서 비롯되었다고 본다.

- 풍요 기원 : 고대인들은 농경과 수렵의 성공을 위해 신에게 기도하는 의식에서 춤을 추었다. 풍년을 기원하는 춤, 비를 내리게 하는 춤, 사냥의 성공을 비는 춤 등이 이에 해당한다.
- 치유와 정화 : 병을 낫게 하거나, 악령을 쫓아내는 주술적인 행위에도 춤이 사용되었다. 무당이 춤을 추는 것은 신과 소통하고, 초월적인 힘을 빌리는 행위로 여겨졌다.
- 제천 의식 : 고대 사회의 제천 의식(하늘에 제사를 지내는 의식)에서 춤은 신성한 행위의 핵심이었다. 고대 한반도의 부여 '영고', 고구려 '동맹' 등은 모두 춤과 노래를 통해 하늘에 감사하는 축제였다.

나. 성본능적 기원설(Instinctive Origin)

이 학설은 무용이 인간의 본능적인 감정과 욕구에서 자연스럽게 발생했다고 본다.

- 감정 표현 : 인간은 기쁨, 슬픔, 분노, 두려움과 같은 감정을 언어 외의 수단으로 표현하려 한다. 이러한 감정이 율동적인 움직임으로 나타난 것이 춤의 시초라는 주장이다.
- 이성 유혹 : 춤이 이성을 유혹하기 위한 수단으로 사용되었다는 견해도 있다. 공작새가 깃털을 펼치듯, 인간도 매력을 과시하기 위해 신체의 아름다움을 드러내는 춤을 추었다는 것이다.

다. 유희적 기원설(Play Origin)

이 학설은 무용이 일상생활의 노동에서 해방되어 놀이처럼 즐기는 행위에서 시작되었다고 본다.

- 노동의 모방 : 고대인들이 힘든 노동을 하다가 흥이 나면 노래를 부르거나 춤을 추며 즐거움을 찾았다는 것이다. 또한, 노동 동작을 흉내 내며 춤을 추기도 했다.
- 모방 본능 : 춤은 자연 현상이나 동물의 움직임을 모방하는 데서 시작되기도 했다. 늑대의 움직임을 따라 하는 춤, 비바람을 흉내 내는 춤 등이 그 예이다.

라. 예술적 기원설(Artistic Origin)

무용을 인간의 미적 욕구에서 비롯된 것으로 보는 견해이다.

- 신체적 아름다움 : 인간은 자신의 신체적 아름다움을 뽐내고자 하는 본능을 가지고 있다. 춤은 이러한 아름다움을 율동과 동작으로 표현하는 예술 행위로 발전했다는 주장이다.
- 이러한 여러 학설들은 무용이 인간의 다양한 본능과 사회적 필요에 의해 복합적으로 발생했음을 보여준다. 결국, 무용은 인간이 자신을 표현

하고, 공동체의 유대를 강화하며, 신과 소통하고, 아름다움을 추구하는 모든 행위의 집합체라고 볼 수 있다.

03 | 무용의 장르

무용은 시대, 지역, 문화에 따라 매우 다양한 장르로 나뉜다. 크게는 순수 무용과 실용 무용으로 나눌 수 있으며, 세부적으로는 다음과 같이 분류할 수 있다.

가. 순수 무용(Concert Dance)

예술적 가치와 미학을 중시하며, 주로 극장이나 공연장에서 관객을 위해 공연되는 무용이다.

- 클래식 발레(Classical Ballet) : 17세기 프랑스 궁정에서 시작되어 발전한 무용 양식으로, '백조의 호수', '호두까기 인형' 등이 대표적인 작품이다.
- 낭만주의 발레(Romantic Ballet) : 19세기 중반에 유행한 발레로, 초자연적인 존재와 비극적인 사랑을 주제로 다룬다. '지젤', '라 실피드'와 같이 몽환적인 분위기와 감성적인 표현이 강조된다.
- 현대 무용(Modern Dance) : 20세기 초, 고전 발레의 정형화된 틀에 반발하여 발생한 무용이다. 맨발로 추며, 개인의 감정과 내면을 자유롭게 표현하는 것을 중시한다. 이사도라 던컨, 마사 그레이엄, 머스 커닝햄 등이 선구자이다.
- 포스트모던 댄스(Post-modern Dance) : 1960년대 이후, 근대 무용의 서사성과 감정 표현마저 해체하려 한 무용 사조이다. 일상적인 움직임을 춤으로 인식하고, 우연성을 강조한다.
- 컨템포러리 댄스(Contemporary Dance) : 20세기 후반부터 현재까지의 모든 춤의 흐름을 아우르는 포괄적인 용어이다. 발레, 현대 무용, 재

즈, 아크로바틱 등 다양한 장르를 융합하여 새로운 움직임을 창조한다.

나. 민속 무용(Folk Dance)

특정 민족이나 지역의 역사, 생활 양식, 신앙 등이 담겨 있는 무용이다.

- 한국 무용(Korean Dance) : 궁중 무용과 민속 무용, 신무용 등으로 나누고 우아하고 절제된 움직임, 한(恨)과 흥(興)의 정서가 특징이다. '살풀이춤', '승무', '태평무' 등이 있다.
- 인도 무용(Indian Dance) : 종교적인 기원을 가지고 있으며, '무드라(손동작)'와 정교한 발동작을 통해 신화적인 이야기를 전달한다. '바라타나티얌', '카타칼리' 등이 대표적이다.
- 스페인 무용(Spanish Dance) : 열정적이고 역동적인 움직임이 특징이다. '플라멩코'는 기타 연주, 노래, 박수 소리에 맞춰 추는 즉흥적인 춤으로 유명하다.

다. 실용 무용(Social Dance)

오락, 사교, 건강 증진 등의 실용적인 목적으로 추는 춤이다.

- 사교 춤(Social Dance) : 남녀가 한 쌍을 이루어 추는 춤으로, '탱고', '왈츠', '차차차' 등이 있다.
- 재즈 댄스(Jazz Dance) : 20세기 초 미국에서 재즈 음악과 함께 발전한 춤이다. 자유롭고 즉흥적인 움직임이 특징이며, '브로드웨이 쇼'와 뮤지컬에서 많이 볼 수 있다.
- 스트릿 댄스(Street Dance) : 길거리에서 자연스럽게 발생하고 발전한 춤이다. '힙합 댄스', '비보잉', '팝핀', '락킹' 등이 포함된다.
- 방송 댄스(K-pop Dance) : K-pop 음악에 맞춰 추는 춤으로, 안무의

대중성과 통일성을 강조한다.
- 벨리댄스(Belly Dance) : 중동 지역의 전통 무용으로, 복부와 골반을 중심으로 한 리드미컬하고 관능적인 움직임이 특징이다.

이 외에도 에어로빅, 체조, 라인 댄스 등 다양한 형태의 춤이 있으며, 오늘날에는 이 장르들의 경계가 허물어지고 융합되는 현상이 두드러지고 있다.

04 | 무용의 중요성

무용은 단순한 움직임을 넘어 우리 삶에 깊이 있는 영향을 미치는 중요한 활동이다. 신체적, 정신적, 사회적 측면에서 다양한 이점을 제공하며, 인간의 잠재력을 발현하고 삶의 질을 향상하는 데 기여한다.

가. 신체적 중요성
무용은 신체 건강을 위한 가장 효과적인 방법 중 하나이다.
- 전신 운동 효과 : 무용은 유산소 운동과 근력 운동을 모두 포함한다. 심폐 기능을 강화하고, 근력과 근지구력을 향상하며, 체중 관리에도 도움을 준다.
- 유연성 및 균형 감각 증진 : 다양한 동작과 스트레칭을 통해 유연성을 기르고, 중심을 잡는 연습을 통해 균형 감각을 발달시킬 수 있다. 이는 특히 노년층의 낙상 예방에 큰 도움이 된다.
- 신체 인식 능력 향상 : 무용을 통해 자신의 몸을 탐구하고 움직임을 재정의하면서, 몸의 각 부위가 어떻게 움직이는지, 어디가 뻣뻣하고 어디가 불편한지를 스스로 인지하게 된다. 이는 자신의 몸을 더 잘 이해하고 돌보는 계기가 된다.

나. 정신적 중요성
무용은 정신 건강에도 긍정적인 영향을 미친다.
- 감정 표현과 해소 : 무용은 언어로 표현하기 어려운 내면의 감정을 몸의 움직임을 통해 표출하는 수단이다. 춤을 추면서 스트레스, 불안, 우울감

등을 해소하고 정신적 해방감을 느낄 수 있다.
- 창의성 및 사고력 발달 : 안무를 만들거나 즉흥적으로 춤을 추는 과정은 창의적인 사고를 자극한다. 또한, 새로운 동작을 배우고 기억하는 과정은 뇌를 활성화하여 인지 기능과 기억력 향상에 도움을 준다.
- 자아존중감 및 자신감 향상 : 무용을 통해 자신의 몸을 아름답게 표현하고 새로운 기술을 습득하면서 성취감을 느낄 수 있다. 이는 자아존중감을 높이고 자기효능감을 증진시키는 중요한 요소가 된다.

다. 사회적 중요성

무용은 개인을 넘어 공동체와 사회에 중요한 역할을 한다.
- 문화적 연결고리 : 무용은 특정 민족이나 공동체의 역사, 정서, 가치관을 담고 있는 문화적 유산이다. 무용을 통해 우리는 자신의 뿌리를 이해하고, 다른 문화의 다양성을 존중하며 교류할 수 있다.
- 공동체 의식 함양 : 함께 춤을 추는 행위는 공동체의 유대감을 강화한다. 집단 무용이나 파트너 댄스를 통해 협동심을 기르고, 사회적 관계를 형성하며, 소속감을 느낄 수 있다.
- 소통의 도구 : 춤은 언어의 장벽을 넘어선 비언어적 소통의 강력한 도구이다. 춤을 통해 사람들은 서로의 감정을 나누고, 공감하며, 하나가 될 수 있다.

이처럼 무용은 단순히 아름다운 몸짓을 만드는 활동이 아니라, 인간의 신체적, 정신적, 사회적 발달에 필수적인 요소들을 제공하는 전인적인 예술이다.

05 | 무용의 효과

현대 사회에서의 무용은 운동이 부족한 현대인들에게 감미로운 음악에 맞추어 추는 율동으로 인하여 건강을 높이는 효과가 있으며, 춤을 추는 사람들끼리 친교를 통하여 사회적으로 넓은 친목과 상호 발전을 도모하므로 사회성을 기를 수 있다. 그리고 본인의 컨디션에 알맞게 조절하여 운동할 수 있다.

가. 건강 기능

무용은 매우 부드러운 운동으로서 건강의 유지·향상과 심신의 스트레스 해소는 물론, 기후에 관계 없이 실시할 수 있어 최적의 운동이라고 할 수 있다. 무용의 건강 기능을 보면 다음과 같다.

- 유산소 운동으로서 건강을 증진시킨다.
- 성장기 심·혈관계의 발달에 긍정적 영향을 미친다.
- 근력을 높일 수 있다.
- 지구력을 높일 수 있다.
- 유연성을 높일 수 있다.
- 순발력을 높일 수 있다.
- 심폐 기능을 높일 수 있다.
- 체격 발달 및 자세 교정에 효과가 있다.
- 정신적 건강하게 해준다.
- 삶의 질을 높여 건강하게 해준다.
- 스트레스를 감소시켜 준다.

- 무용은 스트레스를 해소한다.

나. 정서적 기능
- 춤을 추면 인내와 노력에 의한 성취감을 얻을 수 있다.
- 삶에 대한 만족감이 증가한다.
- 가능성에 도전하게 해준다.
- 긴장과 압박에서 해방시켜 준다.
- 적극적이며 활동적인 생활 태도로 바꾸어 준다.
- 정서를 순화시켜 준다.
- 풍부한 상상력을 자극시켜 준다.
- 미적 표현 능력을 개발해 준다.
- 허탈과 허무감에서 용기를 북돋아 준다.
- 자아를 실현시킬 수 있는 기회를 준다.

다. 사회적 기능
- 예절을 기를 수 있다.
- 파트너십을 기를 수 있다.
- 원만한 인간관계를 형성할 수 있다.
- 사회성을 발달시킬 수 있다.

06 | 무용교육

　무용교육은 교육적인 목적을 가지고 유치원, 초·중·고등학교, 문화센터, 평생교육원, 대학교 등에서 어린이, 학생, 성인, 노인들을 대상으로 올바른 정서 함양과 체력 증진을 위해 무용을 가르치는 것을 말한다.
　무용교육의 목표는 인간이 선천적으로 가진 예술적 본능을 의도적인 신체 활동을 하여 학습함으로써 무용의 교육적 기능인 신체적, 정신적, 사회적 성장을 촉진시켜 바람직한 인간으로 상징하고, 사회의 구성원이 되도록 하는 것이다. 무용 교육은 장점은 창의적으로 자신을 표현할 수 있으며, 신체적·정신적으로 건강을 지켜주며, 사회적으로 원만한 인간관계를 형성하는 것이다.
　초·중·고등학교 무용교육의 목표는 학생들에게 예비 무용전문가로서 신체적, 정서적, 지적 및 사회적으로 가치 있는 인간을 육성하고 생활을 더욱 풍부하고 심미적으로 영위할 수 있는 능력을 기르고 예비 전문인을 양성하는 것이다. 특 우리의 청소년들은 학업 성적만 중요시하여 이에 적응하지 못하는 학생들이 많으며, 청소년들의 스트레스가 증가함에 따라 이를 해결하는데 무용교육이 효과를 보고 있다.
　대학 무용교육의 목표는 무용을 통해 인간의 미적가치를 높이고, 무용에 대한 전문성을 함양시켜 무용전문인을 양성하는 것을 목표로 하고 있다.
　학교 밖에서 이루어지는 성인을 위한 평생교육에서의 무용교육의 목표는 전문적인 무용수를 양성하는 것이 아니라, 신체적·정신적으로 건강을 향상시키며, 인격의 성장, 이해력과 감성의 발달, 신체의 활동 능력을 확장시키는 것이다.

07 | 무용 시장의 전망

무용 시장은 전통적인 순수 예술의 영역을 넘어 대중문화, 교육, 웰빙 산업 등과 융합하며 변화하고 있다. 과거에는 특정 계층의 전유물로 여겨지기도 했지만, 현대에 이르러서는 춤이 가진 다양한 가치 덕분에 시장이 점차 확장되는 추세이다.

가. 공연 시장의 변화

무용 공연 시장은 꾸준한 성장세를 보이고 있다. 특히 코로나19 팬데믹 이후에는 공연에 대한 대중의 갈증이 커지면서 티켓 판매액이 크게 증가했다.

- 성장 동력 : 발레와 같은 클래식 무용은 여전히 높은 인기를 유지하며 시장 성장을 견인하고 있다. 동시에, 소규모 극장이나 축제 형태의 공연이 증가하면서 관객들이 무용을 더 쉽게 접할 수 있는 기회가 늘었다.
- 융합과 확장 : 무용은 순수 예술에 머무르지 않고, 미디어 아트, 인공지능(AI)과 같은 첨단 기술과 결합하여 새로운 형태의 공연을 선보이고 있다. 이러한 시도는 관객에게 신선한 경험을 제공하며 무용의 가능성을 확장하고 있다.
- 다양한 주제 : 환경 문제, 사회적 이슈 등 현실적인 주제를 다루는 무용 작품이 늘어나면서 무용이 단순한 오락을 넘어 사회적 메시지를 전달하는 중요한 수단으로 자리 잡고 있다.

나. 교육 및 실용 무용 시장의 성장

공연 예술 외적으로도 무용은 다양한 분야에서 성장하고 있다.

- 대중화 : K-pop 댄스, 스트릿 댄스 등 대중 무용의 인기는 젊은 층을

중심으로 무용에 대한 관심을 높이고 있다. 이로 인해 댄스 학원, 문화 센터 등에서 다양한 무용 교육 프로그램이 활발하게 운영되고 있다.
- 건강과 웰빙 : 무용은 단순히 기술을 배우는 것을 넘어 신체 건강과 정신 건강을 위한 활동으로 인식되고 있다. 무용 치료, 에어로빅, 필라테스 등 무용의 요소를 활용한 웰빙 산업이 성장하면서 무용의 실용적 가치가 높아지고 있다.

다. 무용 관련 직업의 다양화

전통적으로 무용가는 무용단에 소속되어 공연 활동을 하는 것이 일반적이었다. 하지만 무용 시장의 확장과 함께 직업의 형태도 다양해지고 있다.
- 전문 무용가 : 무용가, 안무가, 무용단원 등 전문 분야의 수요는 여전히 존재한다.
- 교육 전문가 : 댄스 학원, 학교, 문화센터 등에서 무용을 가르치는 강사나 교사의 역할도 커지고 있다.
- 무용심리상담사 : '무용 동작 심리 상담사' 또는 '무용/동작 치료사'라고도 불린다. 춤과 심리학을 결합하여 내담자의 심리적, 정서적 문제를 해결하도록 돕는 전문가이다.
- 융합 분야 : 공연 기획자, 무대 조명 디자이너, 무용 의상 제작자 등 무용과 관련된 인접 분야의 직업들이 생겨나고 있으며, 영상 콘텐츠, 뮤지컬, 방송 등 다양한 매체에서 활동하는 기회도 늘고 있다.

무용 시장은 예술성과 대중성, 그리고 기술을 결합하며 끊임없이 진화하고 있다. 앞으로 무용이 더 많은 사람들의 삶 속으로 스며들어 새로운 가치를 창출할 것으로 전망된다.

제2장
댄스의 역사

01 | 원시(Primitive)시대의 춤

춤이 언제 어떻게 생겨났는지에 대해서는 정확히 알려진 바가 없지만 인류가 지구상에서 모여 살면서 존재하면서부터 자연스럽게 발생했다고 보는 견해가 많다. 언어가 없던 원시시대 인류는 몸동작으로 감정을 표현하였으며, 이것이 춤으로 발전했다고 본다. 실제로 원시시대의 동굴벽화에 사람들이 춤추는 모습이 그려져 있다.

원시인들의 춤은 그들의 욕구와 생각과 소망을 표현하는 것이기에 인간이 춤을 추려는 마음은 본능과 같은 것이라고 할 수 있다. 또한 변덕스러운 자연의 힘은 무서운 것이었기에 죽은 조상들과 우상들의 힘을 빌려 춤으로 자신과 부족의 안녕과 번영을 빌었다. 이처럼 춤의 기원은 인간은 본능적으로 음식을 먹고, 특별한 날을 기념하기 위하여, 자연 숭배를 위하여 주술적인 목적으로 시작하였다고 예측할 수 있다. 춤의 형태는 동물의 행위나 자연, 그리고 신의 위력 등을 모방한 모방 춤과 사회적, 종교적으로 열악할 수밖에 없는 인간의 심리를 표현한 종교적인 춤이 그것이다. 그래서 원시시대의 춤은 사회화의 도구로써 커다란 영향력을 발휘하였다.

원시시대의 춤은 주술사들에 의해서 부족민을 집단최면 상태로 이끌어 자신의 권력을 유지했고, 사람들은 춤을 추면서 혼례를 치르고 풍요나 전쟁의 승리를 신에게 기원하기도 했다. 또한 가뭄과 홍수, 태풍 등 자연재해와 그로 인한 기아와 죽음 등 불가항력적인 자연 현상으로부터 생명을 지키려는 원시 종교 의식에도 사용되었다.

춤은 수천 년 동안 주술사들이나 부족들에 의해서 전수되고 이어지는 동안 그 지역의 민속무용이 되었다. 그래서 춤은 어느 나라에서 특별히 만들어진 것이 아니라 세계의 여러 민족은 어떠한 형태로든 고유한 춤을 가지고 있다.

인도·중국·이집트·그리스에는 고대로부터 무용이 있었다는 기록이 있다. 그중에서 최초로 기록에 남긴 것은 기원전에 인도 북부에 살던 집시가 처음으로 무용을 만들어 연극을 하였는데, 그것이 동서로 퍼져서 아시아와 유럽, 지중해 주변국에 분포되었다는 주장이 있다. 그리고 중국이나 이집트나 그리스처럼 일찍부터 문명이 발생한 지중해의 주변국에서 나왔다는 주장도 있다. 무용이 시작된 장소는 정확히 확정하기 어렵기만, 춤이 시작된 시기는 대부분 기원전에 시작된 것으로 알려져 있다.

02 | 고대(Ancient)의 춤

고대의 춤은 생활의 향상과 복잡해지는 인간 이성의 지배를 받게 되면서 춤에 대해서도 심미성을 강조하여 춤이 예술로 발전하게 된다. 고대 사회에서 춤은 현대와는 매우 다른 의미와 기능을 가지고 있었다. 언어가 발달하기 이전부터 의사소통 수단으로 사용되었으며, 종교적 의식, 공동체 유대 강화, 전쟁 준비, 오락 등 다양한 목적으로 활용되었다. 고대 춤의 역사를 대표하는 문명들을 살펴보면 다음과 같다.

가. 고대 이집트

고대 이집트 무용은 내세와 다산에 대한 신념을 바탕으로 한 종교 의식의 중요한 부분이었다. 춤을 통해 신에게 기도하고, 신의 뜻을 전달하는 매개체 역할을 했다. 특히, 다산을 기원하는 의미의 복부 무용(오늘날의 벨리댄스)이 행해졌으며, 풍요로운 수확이나 자녀 출산을 기원하는 의식에 사용되었다.

또한 신전 제례뿐만 아니라, 궁정 연회에서도 춤이 공연되었다. 직업 무용수들이 등장하여 왕과 귀족을 위해 춤을 추는 등 오락적인 요소도 발달했다. 이집트의 벽화에서 묘사된 무희들은 몸에 딱 맞는 얇은 옷이나 심지어 거의 벌거벗은 상태로 춤을 추기도 했다.

나. 고대 그리스

고대 춤이 유럽에서 나타나는 시기는 아테네 문명 이후로 볼 수가 있는데, 기록에 의하면 아테네인 들은 현재의 삶을 중요시하였으며 풍요롭고 아름다운 인생을 추구하였으며 특히 인체의 미를 강조하였다. 고대 그리스는 무용을 단순히 오락이 아닌, 정신 생활의 추구로 여겼다. 춤은 신성시되었으며, 신전 의식의 시작과 끝을 장식하는 중요한 예술이었다.

그리스의 신화에 나오는 디오니소스(Dyonysos)는 술의 신이며, 동시에 춤의 신으로 디오니소스 축제는 광란의 춤으로 유명했다. 디오니소스의 숭배자들은 밤새 술을 마시고 광란의 축제를 열었다. 고대 그리스의 춤은 인체의 미를 강조하는 춤을 많이 추었으며, 독무보다는 군무를 추는 경향이 많았다. 고대의 춤은 군사적으로 전쟁을 나갈 때나 승전 후에 기념의 춤을 추거나, 종교적인 격식을 표현하는 춤이 있었던 것으로 알려지고 있다.

고대 그리스의 춤은 이사도라 던컨과 같은 현대 무용가들에게 영향을 주었는데, 그들은 고대 그리스 조각상과 그림에서 영감을 받아 하늘하늘한 옷을 입고 맨발로 춤을 추기도 했다.

다. 고대 로마

고대 로마 시대에는 특정 집단의 남자들이 추는 군무가 많았다. 대표적인 예로는 전쟁 춤인 살리(salii)가 있었는데, 무장한 채 동작을 연출하는 형태였다. 고대 로마 시대에는 무용이 극장에서 상연되었으며, 여자는 무대에 오르지 않고 남자들이 여자의 역할을 대신하는 경우도 있었다. 이는 중기 로마 시대에 무용이 사교적인 교양으로 인정받는 계기가 되기도 했다. 로마 후기로 갈수록 춤은 오락적이고 때로는 퇴폐적인 성격이 강해졌고, 이러한 이유로 기독교가 확산되면서 춤에 대한 부정적인 인식이 커지게 된다. 이는 중세 시대에 춤이 억압받는 중요한 원인이 되었다.

라. 고대 중국

고대 중국에서 춤은 '예악(禮樂)' 사상에 따라 춤은 매우 중요하게 여겨졌다. 예(禮)는 사회 질서와 도덕을, 악(樂)은 조화와 감정을 상징했으며, 춤은 이 예악을 표현하는 핵심적인 수단이었다. '춤출 무(舞)'의 옛 글자 형태는 '무당 무(巫)'와 동일한 것으로 여겨진다. 이는 춤이 신에게 제사를 지내고, 자연의 풍요를 기원하는 무속 의식과 깊은 관련이 있었음을 보여준다. 춤을 통해 하늘과 소통하고 신의 힘을 빌린다는 믿음이 있었다.

또한 전쟁과 승리를 기원하는 군무도 발달했다. 창과 방패를 들고 추는 '상무(象舞)'와 같은 춤은 군사 훈련의 일부이자, 국가의 힘을 과시하는 수단이었다. 황실과 귀족을 위한 궁중 무용도 발달했다. 각 왕조마다 독특한 궁중 춤이 있었으며, 이는 위엄과 격식을 갖춘 정교한 춤으로 발전했다. 공자(孔子)와 같은 학자들은 춤의 미학적 가치와 사회적 역할을 논했으며, 춤이 사회의 평화와 혼란을 가늠하는 도구라고 생각했다.

마. 고대 인도

고대 인도의 춤은 대부분 종교적인 기원을 가지고 있다. 춤의 신인 시바(Shiva) 신이 창조의 춤 '탄다바(Tandava)'를 추었다는 신화는 춤이 단순한 움직임이 아니라, 우주의 생성과 파괴를 상징하는 신성한 행위임을 보여준다. 고대 인도의 춤은 '나티야샤스트라(Natya Shastra)'라는 고대 경전을 통해 체계적인 이론으로 발전했다. 이 경전에는 춤의 동작, 손짓(무드라), 표정 등 춤을 구성하는 모든 요소에 대한 자세한 규정이 담겨 있다. 인도의 고전 춤에서 가장 중요한 요소 중 하나인 '무드라'는 손가락의 모양으로 특정한 의미를 표현하는 기법이다. 이를 통해 춤으로 이야기를 전달하고 감정을 섬세하게 묘사할 수 있었다.

03 | 중세(Medieval)의 춤

중세 시대는 고대 사회와는 달리 기독교가 사회 전체를 지배하면서 춤에 대한 인식이 크게 변화했다. 중세를 문화의 암흑기라 하는데 무용도 기독교적인 종교관에 지배를 받게 된다. 교회는 인간 생활의 모든 부분을 지배하고, 춤에도 영향을 주어 맹목적, 광신적 금욕주의를 선택하면서 춤에서 점차 유희적인 부분들이 배척되게 된다. 춤은 종교의 영향 아래 억압되거나, 반대로 새로운 형태로 발전하는 이중적인 모습을 보였다. 하지만 세월이 흐르면서 가치관과 종교관의 변화는 자연스럽게 찾아와, 춤도 생활의 진실한 표현으로서 민간과 귀족층에서 계속 존재하게 된다.

가. 기독교의 영향과 춤에 대한 억압

중세 시대에는 기독교의 금욕주의 사상이 널리 퍼져, 춤을 세속적인 쾌락을 추구하는 행위로 간주하고 부정적으로 바라보았다. 특히, 몸을 격렬하게 움직이는 춤은 인간의 본능적인 욕망을 자극한다고 여겨져 교회는 춤을 억제하고 규제하려 했다. 당시는 춤과 마법, 주술을 동일시하는 경향도 있었다. 중세 후기의 마녀사냥 시대에는 춤을 추는 행위가 악마와 소통하는 행위로 오해받아 처벌의 대상이 되기도 했다.

나. 민속춤의 발달과 확산

기독교의 억압에도 불구하고, 민중들은 자신들의 삶 속에서 춤을 계속해서 추었다. 수확을 축하하거나, 마을 축제에서 함께 춤을 추며 공동체 의식을 강화했다. 사람들이 손을 잡고 원을 그리며 추는 원형 춤(Circle dance)

은 중세 시대의 대표적인 민속춤 형태이다. 이는 평등하고 조화로운 공동체 의식을 상징하며, 중세 사회의 민중 정서를 잘 보여준다.

14세기 흑사병이 유럽을 휩쓸었을 때, '죽음의 춤'이라는 독특한 주제의 춤과 미술이 유행했다. 이는 죽음 앞에서 모든 인간이 평등하다는 메시지를 전달하며, 춤을 통해 죽음에 대한 두려움과 삶의 허무함을 표현했다.

다. 귀족과 궁정에서의 춤

중세 후기에 들어서면서 궁정의 귀족들은 춤을 단순한 오락이 아닌, 교양과 예의를 보여주는 수단으로 인식하기 시작했다. 기사도 정신에 맞는 절제된 동작과 우아한 궁정 춤이 발달했다. 귀족들은 남녀가 한 쌍을 이루어 추는 파트너 춤을 즐겼다. 이는 르네상스 시대의 궁정 무용이 발전하는 토대가 되었다.

음유시인(Troubadour)들은 노래와 춤을 결합하여 귀족들의 연회에서 공연을 펼쳤다. 이들은 서민들에게도 춤을 가르치고 새로운 춤을 전파하는 역할을 했다.

중세 시대의 춤은 기독교라는 거대한 종교적 영향 아래서 억압과 발전이라는 양면성을 보였다. 그럼에도 불구하고 민중의 삶 속에서 민속춤은 계속되었고, 궁정에서는 새로운 형식의 춤이 싹을 틔우며 르네상스 시대의 무용 발전을 위한 발판을 마련했다.

04 | 르네상스(Renaissance)시대의 춤

문예부흥(Renaissance)은 전 유럽에 밀려온 새로운 질서는 인문주의를 표방하면서 개인주의의 시작되면서 무용에도 영향을 미치게 된다. 르네상스 시대는 "인간 중심"의 사상과 고대 그리스-로마 문화의 부흥을 특징으로 하는 시기였다. 이러한 시대정신은 무용에도 큰 영향을 미쳐, 중세 시대의 종교적 억압에서 벗어나 인간의 아름다움과 개성을 표현하는 예술 형태로 발전하게 되었다.

가. 궁정 무용의 발달

르네상스 시대의 궁정에서는 춤이 귀족들의 필수적인 교양 과목이었다. 춤은 개인의 매너와 우아함, 사회적 지위를 나타내는 중요한 수단으로 여겨졌다. 춤이 복잡해지고 중요해지면서 전문적으로 춤을 가르치는 무용 교사(Dancing Master)들이 등장했다. 이들은 춤의 동작과 스텝을 체계적으로 정리하고, 춤곡을 작곡하며, 새로운 안무를 만들었다.

르네상스 시대 이탈리아의 궁정에서 유행했던 사교춤인 '발레티(balletti)'가 오늘날 발레의 기원이 되었다. 특히, 16세기 이탈리아의 카트린 드 메디치(Catherine de' Medici)가 프랑스 왕실로 시집가면서 이러한 궁정 무용을 프랑스에 전파했고, 이는 프랑스 왕 루이 14세 시대에 이르러 전문적인 공연 예술인 발레로 발전하는 중요한 계기가 되었다.

르네상스 무용의 특징은 느리고 우아한 춤(Basse Danse)으로 르네상스 초기에는 발을 바닥에서 거의 떼지 않고 추는 느리고 우아한 춤인 '바스 당스(Basse Danse)'가 유행했다. 이 춤은 화려한 의상을 입고 품위 있는 모습을 뽐내기에 적합했다. 그리고 빠르고 역동적인 춤(Haute Danse)은 바스 당스와는 반대로 점프, 도약 등 역동적인 동작이 포함된 '오트 당스(Haute Danse)'도 있었다.

르네상스 시대의 춤은 섬세하고 정교한 발 동작을 특징으로 한다. 무용교사들이 남긴 기록을 통해 다양한 스텝과 안무가 존재했음을 알 수 있다. 주로 남녀가 짝을 이루어 추는 춤이 발달했다. 르네상스에서는 중세 시대와 달리 신체에 대한 인식이 달라지면서, 춤은 우아한 손동작과 자세를 활용하여 상체의 움직임도 자유롭게 표현했다.

대표적인 르네상스 시대 무용은 다음과 같다.

- 파반(Pavane) : 느리고 장엄한 행진곡풍의 궁중 춤으로, 귀족들의 위엄과 권위를 과시하기 위해 주로 연회 초반에 추어졌다.
- 갈리아르드(Galliard) : 파반과 대비되는 빠르고 활기찬 춤으로, 남성 무용수가 도약과 회전 등 기술적인 동작을 선보이는 경우가 많았다.
- 브랑르(Branle) : 여러 명이 손을 잡고 원을 그리며 추는 단체 춤으로, 단순하고 반복적인 스텝이 특징이었다.
- 볼타(Volta) : 남자가 여자를 공중으로 들어 올리는 역동적인 동작이 특징인 춤으로, 엘리자베스 1세 여왕이 즐겼다고 전해진다.

르네상스 시대의 무용은 단순한 오락을 넘어, 사회적 지위와 교양을 상징하는 예술로 격상되었다. 이러한 발전은 이후 바로크 시대와 낭만주의 시대를 거치며 발레라는 위대한 무용 예술을 탄생시키는 밑거름이 되었다.

05 | 근대(Modern)의 춤

근대(Modern)는 19세기 말에서 20세기 초, 특히 산업혁명과 시민혁명을 거치며 급격한 사회 변화를 겪던 시기를 일컫는다. 이러한 변화는 예술 전반에 영향을 미쳤고, 춤 역시 혁신적인 변화를 맞이하게 되었다. 근대 무용은 전통 발레의 형식에 반발하며 탄생한 새로운 춤의 사조로, 흔히 '현대 무용(Modern Dance)'으로 불리기도 한다. 한국어에서는 '현대 무용'과 '컨템포러리 댄스'를 혼용하지만, 역사적 맥락에서는 '모던 댄스'가 근대 무용을 지칭한다.

근대 무용은 발레의 엄격한 형식과 기교 위주의 춤에 대한 반발로 시작되었다. 발레는 귀족들의 여흥을 위해 정형화된 동작과 토슈즈, 튀튀(tutu)와 같은 의상을 특징으로 했다. 하지만 근대 사회에서 개인의 감정과 자유로운 표현을 중시하는 사조가 대두되면서, 무용가들은 발레의 틀에서 벗어나고자 했다. 이들은 "인간의 감정을 자유롭게 표현하는 참된 무용정신"을 회복하고, 독자적인 예술을 확립하려 했다.

가. 근대 무용의 주요 특징

발레의 규정된 자세와 스텝에서 벗어나, 몸의 자연스러운 움직임을 강조했다. 발레의 토슈즈를 벗고 맨발로 춤을 추며, 땅과의 접촉과 중력의 중요성을 인식했다.

춤의 주된 목적을 스토리텔링이나 기교 과시가 아닌, 무용수 개인의 내면적 감정, 고통, 희열 등을 표현하는 데 두었다. 그리고 사회 문제, 현실 비판, 철학적인 주제 등 발레에서 다루지 않던 다양한 소재를 춤의 주제로 삼았다. 음악 없이 춤을 추거나, 비대칭적인 공간 구성을 시도하는 등 실험적인 요소들이 많이 도입되었다.

무용수의 몸을 가리지 않는 단순하고 기능적인 의상을 선호했으며, 무대 장치와 조명을 활용하여 작품의 주제를 더욱 효과적으로 전달하려 했다.

나. 주요 인물 및 작품
- 이사도라 던컨(Isadora Duncan) : 근대 무용의 선구자로, "맨발의 무용가"로 불린다. 그녀는 발레의 딱딱한 규칙을 거부하고, 고대 그리스 예술에서 영감을 받아 자유롭고 감성적인 춤을 선보였다.
- 마사 그레이엄(Martha Graham) : 근대 무용을 체계적인 예술로 발전시킨 인물이다. 호흡에 기반을 둔 '컨트랙션(Contraction)'과 '릴리즈(Release)' 기법을 개발하여 인간의 내면적 갈등과 고뇌를 표현했다.
- 머스 커닝햄(Merce Cunningham) : 무용과 음악, 미술의 분리를 주장하며 '우연성 기법'을 도입했다. 예측 불가능한 동작과 안무를 통해 춤의 새로운 가능성을 탐구했다.
- 도리스 험프리(Doris Humphrey) : 중력의 원리를 이용하여 '넘어짐과 회복(fall and recovery)'이라는 동작 기법을 창안했다.

다. 동양에서의 근대 춤
- 서양의 근대 무용이 들어오면서, 한국에서도 전통 춤을 바탕으로 한 새로운 형태의 춤인 '신무용'이 등장했다. 최승희, 조택원과 같은 무용가들은 전통 춤의 요소를 현대적인 감각으로 재해석하여 한국 무용의 근대화를 이끌었다.
- 일본에서도 이시이 바쿠(石井漠)와 같은 무용가들이 서양의 영향을 받

아 '신무용'을 개척했다. 이들의 활동은 한국의 근대 무용에도 영향을 미쳤다.

- 근대 무용은 춤을 단순한 오락이나 형식적인 기교가 아닌, 인간의 내면을 표현하는 심오한 예술로 승격시켰다. 이러한 근대 무용의 정신은 이후 '포스트모던 댄스'와 '컨템포러리 댄스' 등 다양한 현대 무용 사조의 토대가 되었다.

06 | 현대 무용(Contemporary Dance)

20세기 중반 이후, 근대 무용의 정신을 이어받아 더욱 다양하고 파격적인 실험을 시도하는 새로운 춤들이 등장했는데, 이를 현대 무용(Contemporary Dance)이라고 부른다.

한국에서는 '현대 무용'이라는 용어가 근대 무용과 현재의 춤을 아우르는 넓은 의미로 사용되기도 한다. 여기서는 서양 무용사적 맥락에 따라 20세기 중반 이후의 흐름을 중심으로 현대 무용의 특징을 설명하면 다음과 같다.

가. 포스트모던 댄스(Post-Modern Dance)

1960년대 미국에서 '포스트모던 댄스'가 등장하면서 무용은 또 한 번의 전환기를 맞이했다. 근대 무용이 발레의 형식에 반발했듯이, 포스트모던 댄스는 근대 무용의 개인적 감정 표현이나 드라마틱한 서사 구조마저 거부했다.

현대에 들어서 걷기, 달리기, 앉기 등 일상생활의 움직임도 춤이 될 수 있다고 주장했다. 무용수의 뛰어난 기교나 감정 표현 대신, 움직임 자체의 본질과 구조를 탐구했다. 작품에 뚜렷한 줄거리나 주제를 부여하지 않고, 움직임의 순수한 흐름과 우연성을 강조했다.

현대 무용은 무용과 음악, 미술, 연극의 경계를 허물고, 다양한 예술 장르와 융합을 시도했다. 주요 인물로는 머스 커닝햄(Merce Cunningham), 이본 레이너(Yvonne Rainer) 등이 대표적이다.

나. 컨템포러리 댄스(Contemporary Dance)

 포스트모던 댄스의 실험적인 시도 이후, 무용은 더욱 다양한 방식으로 발전하게 되는데, 이 시대를 대표하는 춤을 '컨템포러리 댄스'라고 한다. 컨템포러리 댄스는 '현시대의 춤'이라는 뜻으로, 하나의 정해진 양식이 아니라 모든 것을 포용하는 열린 개념이다.

 발레, 근대 무용, 재즈 댄스, 힙합, 아크로바틱 등 다양한 장르의 기법을 자유롭게 결합하여 새로운 움직임을 창조한다. 안무가가 무용수에게 동작을 지시하기보다, 무용수 개개인의 즉흥성과 개성을 중시한다. 무용수가 작품의 공동 창작자가 되는 경우가 많다. 또한 개인의 내면 탐구뿐만 아니라, 사회 비판, 환경 문제, 정치적 메시지 등 다층적이고 복잡한 주제를 다룬다. 주요 인물로는 윌리엄 포사이드(William Forsythe), 피나 바우쉬(Pina Bausch), 마츠 에크(Mats Ek) 등이 있다. 이들은 각각의 독특한 스타일로 현대 무용의 지평을 넓혔다.

다. 한국 현대 무용의 발전

 한국의 현대 무용은 1920년대 이시이 바쿠(石井漠)의 내한 공연 이후 '신무용'이라는 이름으로 도입되었다. 최승희, 조택원과 같은 선구자들이 전통 춤의 요소를 현대적으로 재해석하며 한국 무용의 근대화를 이끌었다.

 도입기는 1960년대 육완순이 미국의 마사 그레이엄 무용 기법을 국내에 처음으로 소개하면서 본격적인 '현대 무용'의 기틀을 마련했다. 성장기는 1970~80년대 김복희, 김화숙 등 2세대 무용가들이 등장하며 활발한 창작 활동을 벌였고, 다양한 무용단이 창단되면서 양적·질적 성장을 이루었다. 1990년대 이후 젊은 안무가들의 등장과 해외 교류의 활성화로 한국 현대 무용은 더욱 독창적인 방향으로 발전하고 있다.

현대 무용은 끊임없이 변화하고 진화하는 예술이다. 고정된 형식 없이 끊임없이 새로운 움직임과 표현 방식을 탐구하며, 예술가와 관객에게 끊임없는 영감과 질문을 던지는 역동적인 예술 장르이다.

제3장
무용의 종류

01 | 한국무용

한국무용은 한국 고유의 역사와 문화를 담고 있는 춤의 총칭이다. 예로부터 전해 내려오는 춤뿐만 아니라, 전통적인 춤의 양식을 바탕으로 새롭게 창작된 춤까지 포괄하는 넓은 개념이지요. 한국인의 정서와 삶의 모습이 녹아 있으며, 섬세한 동작과 호흡, 그리고 내면의 표현을 중요하게 생각하는 예술이다. 한국무용은 단순히 아름다운 춤사위를 넘어, 우리 민족의 역사와 문화, 정신을 담고 있는 소중한 무형 문화유산으로서 다양한 가치를 지닌다.

첫째, 한국무용은 오랜 세월 동안 우리 민족의 삶 속에서 함께 해온 역사와 전통을 고스란히 담고 있다. 춤의 동작, 음악, 의상, 소품 등을 통해 시대별 사회상과 문화적 특징을 엿볼 수 있으며, 조상들의 예술혼과 정신을 이어가는 중요한 매개체 역할을 한다.

둘째, 한국무용은 한국인 특유의 정서와 미의식을 반영한다. 섬세하고 절제된 움직임, 내면의 깊이를 표현하는 방식 등은 다른 나라의 춤과는 구별되는 독자적인 아름다움을 지니며, 우리 민족의 문화적 자긍심과 정체성을 확립하는 데 기여한다.

셋째, 한국무용은 음악, 의상, 공예 등 다양한 전통 예술 분야와 밀접하게 연관되어 있다. 예를 들어, 궁중 무용은 화려한 궁중 복식과 전통 음악 반주가 필수적이며, 민속춤은 지역의 민요나 농악과 함께 전승되기도 한다. 따라서 한국무용을 이해하는 것은 다른 전통 문화유산에 대한 이해를 높이는 데에도 도움을 준다.

넷째, 한국무용은 서양 무용과는 다른 독자적인 미학을 추구한다. 절제된 호흡과 섬세한 손짓, 발짓, 그리고 온몸의 움직임을 통해 내면의 감정을 은은하게 표현하는 것이 특징이다. 이러한 아름다움은 보는 이에게 깊은 감동과 여운을 남긴다.

다섯째, 한국무용은 인간의 몸을 통해 다양한 감정과 이야기를 예술적으로 표현하는 고도의 예술이다. 숙련된 무용수의 움직임은 섬세하면서도 강렬하며, 때로는 웅장하고 때로는 애절한 감정을 전달하여 관객과 교감한다.

여섯째, 전통 무용의 정신과 기법은 현대에 이르러 다양한 창작 무용의 영감이 되고 있다. 전통을 바탕으로 새로운 시도를 통해 한국무용의 예술적 지평을 넓히고, 동시대 관객과 소통하는 창의적인 예술 활동의 중요한 기반이 된다.

일곱째, 특히 민속춤은 공동체의 축제나 의례에서 함께 추어지며, 참여자들의 유대감을 강화하고 공동체 의식을 함양하는 역할을 한다. 강강술래나 농악 등이 대표적인 예이다.

여덟째, 한국무용은 보는 이뿐만 아니라 직접 참여하는 사람들에게도 정신적인 위안과 즐거움을 제공한다. 춤을 통해 스트레스를 해소하고 활력을 얻으며, 삶의 질을 향상시키는 데 기여할 수 있다.

아홉째, 한국무용은 한국의 문화를 세계에 알리고 다른 나라의 문화를 이해하는 데 중요한 역할을 한다. 해외 공연이나 문화 교류 행사를 통해 한국의 아름다움과 정신을 세계에 알리고, 문화적 다양성을 증진하는 데 기여한다.

한국무용의 역사는 한반도에 사람이 살기 시작한 상고시대까지 거슬러 올라간다. 당시의 춤은 주로 하늘에 제사를 지내거나 공동체의 화합을 다지는 의식의 형태로 나타났다. 고구려의 '동맹', 부여의 '영고', 예의 '무천'과 같은 부족 국가 시대의 제천 의식에서 춤의 기원을 찾아볼 수 있다.

삼국시대에 이르러서는 다양한 형태의 춤이 발전했다. 특히 신라의 화랑도들은 심신 수련의 일환으로 춤을 즐겼으며, 백제에서는 농경 의례와 관련된 춤이 추어졌다. 고구려의 벽화에서는 역동적인 춤의 모습을 엿볼 수 있다.

고려시대에는 송나라의 영향을 받아 궁중무용이 체계화되기 시작했다. 연등회와 같은 국가적인 행사에서 다양한 춤과 음악이 공연되었으며, 민간에서는 민속춤이 활발하게 발전했다.

조선시대에는 유교를 숭상하는 사회 분위기 속에서도 춤은 궁중 연례나 민간 축제 등 다양한 장면에서 향유되었다. 특히 궁중무용은 더욱 화려하고 정교한 형태로 발전했으며, 민간에서는 탈춤, 농악, 살풀이춤 등 다채로운 춤들이 서민들의 삶과 애환을 담아 전승되었다. 조선 후기에는 기방을 중심으로 교방춤이 발달하기도 했다.

근대에 들어서 서양 문화가 유입되면서 한국무용은 새로운 변화를 맞이하게 된다. 전통춤의 맥을 이어가려는 노력과 함께 서양 무용의 영향을 받은 신무용이 등장하여 창작 무용의 개념을 형성했다. 오늘날의 한국무용은 전통춤의 원형을 보존하고 계승하는 것은 물론, 현대적인 감각과 다양한 예술적 시도를 통해 끊임없이 발전하고 있다.

요약하자면, 한국무용은 오랜 역사 속에서 우리 민족의 정신과 문화를 담아온 소중한 유산이며, 과거와 현재, 그리고 미래를 잇는 살아있는 예술이라고 할 수 있다.

가. 전통 무용

오랜 역사 속에서 자연스럽게 생성되고 발전해 온 한국 고유의 춤을 말한다. 여기에는 다시 여러 갈래가 있다.

궁중 무용 : 궁중의 각종 행사에서 왕실의 권위와 위엄을 드러내기 위해 추어졌던 춤이다. 엄격한 형식과 절제된 동작, 화려한 의상이 특징이다. 대표적인 예로는 춘앵전, 처용무, 학연화대처용무합설 등이 있다. 노래를 부르며 춤을 추는 정재가 이에 속한다.

- 민속 무용 : 서민들의 삶과 애환, 풍습 등을 담아 자연스럽게 발생하고 전승되어 온 춤이다. 소박하고 활기찬 움직임, 즉흥성과 다양성이 특징이다.
- 농악무 : 농사철의 노동과 놀이에서 발생한 춤으로, 꽹과리, 북, 장구, 징 등의 악기 연주에 맞춰 역동적이고 신명나게 춘다.
- 살풀이춤 : 슬픔이나 액운을 떨쳐내는 의미를 담고 추는 춤으로, 수건을 이용하여 섬세하고 애절한 감정을 표현한다.
- 승무 : 불교적인 색채가 강한 춤으로, 장삼 자락을 휘날리며 고고하고 절제된 아름다움을 보여준다.
- 태평무 : 나라의 풍년과 태평성대를 기원하며 왕과 왕비가 추는 춤으로 알려져 있으며, 섬세하고 다채로운 발놀림이 특징이다.
- 강강술래 : 주로 여성들이 손을 잡고 원을 그리며 노래와 함께 춤추는 형태로, 공동체의 화합을 다지는 의미를 지닌다.
- 탈춤 : 탈을 쓰고 인물의 성격이나 사회상을 익살스럽게 표현하는 춤이

다. 지역마다 독특한 특징을 지니고 있으며, 봉산탈춤, 강령탈춤, 하회별신굿탈놀이 등이 대표적이다.
- 기타 민속춤 : 한량무, 덧배기춤, 자진방아타령 등 다양한 지역과 계층의 삶을 반영하는 춤들이 전해져 온다.
- 의식 무용 : 종교적인 의식이나 제례에서 신성함과 경건함을 표현하기 위해 추어졌던 춤이다.
- 불교 의식무 : 나비춤, 바라춤, 법고춤 등이 있다.
- 무속 의식무 : 굿에서 무당이 추는 춤으로, 신을 맞이하고 기원하는 내용을 담고 있다.

나. 창작 무용

전통 무용의 기본 정신과 기법을 바탕으로 현대적인 감각과 창의성을 더하여 새롭게 창작된 춤이다. 전통적인 소재나 주제를 현대적으로 재해석하거나, 새로운 이야기나 사회 현상을 무용으로 표현하기도 한다.

오늘날에는 전통 무용과 창작 무용 외에도 현대 무용, 발레 등 서양 무용의 영향을 받은 다양한 형태의 한국 무용이 공연되고 연구되고 있다. 한국 무용은 과거와 현재를 아우르며 끊임없이 변화하고 발전하는 역동적인 예술이라고 할 수 있다.

결론적으로 한국무용은 단순한 춤 이상의 의미를 지니는 소중한 문화유산이다. 과거와 현재를 잇는 살아있는 역사이며, 독창적인 아름다움을 지닌 예술이자, 사회 구성원들의 유대감을 강화하고 정신적인 풍요로움을 제공하는 가치 있는 문화 자산이다. 따라서 우리는 한국무용의 보존과 발전을 위해 지속적인 관심과 노력을 기울여야 할 것이다.

02 | 발레

　발레는 음악, 무대 장치, 의상, 그리고 판토마임 등을 이용하여 특정한 주제나 이야기를 종합적으로 표현하는 무용극의 한 형태이다. 섬세하고 정교한 기술, 우아하고 유려한 동작, 그리고 중력을 거스르는 듯한 표현이 특징이며, 무용수의 신체 능력을 극한으로 끌어올리는 예술이다.

가. 특징

　발레는 섬세한 아름다움과 고도의 기술을 넘어, 오랜 역사와 예술적 깊이를 지닌 공연 예술로서 다양한 가치를 지닌다.

　첫째, 발레는 인간의 몸이 얼마나 아름답고 섬세하게 움직일 수 있는지를 극명하게 보여주는 예술이다. 정확하고 절제된 동작, 유려한 선, 중력을 거스르는 듯한 도약과 회전 등은 무용수의 끊임없는 노력과 수련을 통해 완성되는 고도의 기술이자 예술이다. 이러한 움직임은 언어를 초월하여 인간의 다양한 감정과 이야기를 효과적으로 전달한다.

둘째, 발레는 음악과 불가분의 관계를 맺고 있다. 차이콥스키, 드뷔시, 스트라빈스키 등 수많은 거장 작곡가들의 아름다운 음악은 발레의 분위기와 감정을 고조시키고, 무용수의 움직임에 영감을 불어넣다. 음악과 춤의 완벽한 조화는 관객에게 깊은 감동과 예술적 경험을 선사한다.

셋째, 발레는 무용뿐만 아니라 음악, 무대 디자인, 의상, 조명, 때로는 극적인 스토리텔링까지 결합된 종합 예술이다. 각 요소들이 유기적으로 어우러져 하나의 완벽한 예술 작품을 만들어내며, 관객에게 풍부하고 다채로운 볼거리를 제공한다.

창의성과 혁신의 원천 : 고전 발레의 아름다움과 전통을 계승하는 동시에, 현대에 이르러서는 다양한 현대 무용 기법과 융합하고 새로운 기술과 아이디어를 접목하며 끊임없이 변화하고 혁신하고 있다. 이러한 창의적인 시도는 발레의 예술적 지평을 넓히고 새로운 가능성을 제시한다.

넷째, 발레는 르네상스 시대 이탈리아에서 시작되어 프랑스를 거쳐 러시아에서 꽃을 피운 서양 문화의 중요한 유산이다. 오랜 역사 속에서 유럽 각국의 문화와 예술적 특징을 반영하며 발전해 왔으며, 서양 공연 예술의 중요한 한 축을 담당하고 있다.

다섯째, 품들은 당대의 사회상, 문화적 가치관, 철학 등을 반영하기도 한다. 예를 들어, 낭만주의 발레는 억압된 현실에서 벗어나 이상적인 세계를 동경하는 시대적 분위기를 담고 있으며, 현대 발레는 더욱 자유롭고 개인적인 주제를 다루기도 한다.

여섯째, 세계적으로 유명한 발레단과 무용수들은 해당 국가의 문화적 수준과 이미지를 높이는 데 기여한다. 러시아의 볼쇼이 발레단이나 프랑스의 파리 국립 오페라 발레단 등은 각 나라의 대표적인 문화 아이콘으로 여겨진다.

일곱째, 발레는 근력, 유연성, 균형 감각, 협응력 등 신체 능력을 향상시키는 데 매우 효과적인 운동이다. 또한, 음악에 맞춰 움직이는 과정에서 리듬감과 표현력을 기르고, 훈련을 통해 집중력, 인내심, 자기 통제력 등 정신적인 성장에도 도움을 준다.

여덟째, 아름다운 음악과 춤을 감상하거나 직접 참여하는 것은 정서적인 안정과 즐거움을 가져다준다. 발레 공연은 관객에게 일상에서 벗어난 예술적인 경험을 제공하며, 때로는 깊은 감동과 위로를 선사하기도 한다.

나. 역사

발레의 역사는 15세기 이탈리아 르네상스 시대의 궁정 연회에서 시작되었다. 당시의 발레는 단순한 사교춤의 형태였으며, 극적인 요소보다는 볼거리 제공에 치중했다. '춤추다'라는 의미의 이탈리아어 'ballare'에서 유래한 'balletto'라는 용어가 발레의 어원이다.

발레가 본격적인 예술 장르로 발전하기 시작한 것은 16세기 프랑스이다. 프랑스의 왕 앙리 2세와 결혼한 이탈리아의 카트린 드 메디시스는 프랑스 궁정에 이탈리아의 화려한 문화를 소개했고, 그중 하나가 발레였다. 1581년, 최초의 본격적인 발레 작품으로 여겨지는 《왕후의 발레 코믹》이 공연되면서 발레는 극적인 내용과 정교한 안무를 갖춘 공연 예술로 자리매김하기 시작했다.

17세기 루이 14세는 발레 발전에 결정적인 역할을 했다. 스스로 열렬한 발레 애호가였던 그는 1661년 왕립 무용 아카데미(Académie Royale de Danse)를 설립하여 발레를 체계적으로 교육하고 발전시키는 데 힘썼다. 이 아카데미는 오늘날 파리 국립 오페라 발레단의 모체가 되었으며, 발레의 기본자세와 기술 체계를 확립하는 데 중요한 역할을 했다. 루이 14세 시대에는 남성 무용수들이 주역을 맡았으며, 화려한 의상과 가발을 착용하고 웅장한 스케일의 공연이 펼쳐졌다.

18세기에는 여성 무용수들의 기량이 발전하고 비중이 커지면서 발레는 더욱 섬세하고 우아한 형태로 변화했다. 튀튀라고 불리는 로맨틱 튜닉이 등장한 것도 이 시기이다.

19세기 낭만주의 시대에 이르러 발레는 더욱 극적이고 환상적인 내용을 담게 되었다. 억압된 현실에서 벗어나 자유로운 상상력과 초자연적인 세계를 동경하는 낭만주의 사조의 영향으로, 《라 실피드》, 《지젤》과 같은 몽환적이고 비극적인 내용의 발레 작품들이 등장하여 큰 인기를 얻었다. 이 시대에는 여성 무용수들의 포인테 기술이 발전하여 더욱 가볍고 공중에 떠 있는 듯한 움직임을 선보였다.

20세기에는 러시아를 중심으로 발레가 눈부신 발전을 이루었다. 마리우스 프티파와 레프 이바노프와 같은 안무가들은 《백조의 호수》, 《잠자는 숲속의 미녀》, 《호두까기 인형》과 같은 오늘날까지도 사랑받는 고전 발레의 걸작들을 탄생시켰다. 또한 세르게이 디아길레프가 이끄는 발레 뤼스는 미셸 포킨, 바슬라프 니진스키, 안나 파블로바 등 혁신적인 무용가들과 협력하여 현대 발레의 새로운 가능성을 열었다.

현대에 이르러 발레는 고전 발레의 전통을 계승하는 동시에, 다양한 현대 무용 기법과 융합하여 끊임없이 변화하고 발전하고 있다. 조지 발란신과 같은 안무가들은 신고전주의 발레를 개척했으며, 더욱 자유롭고 실험적인 형태의 현대 발레 작품들이 활발하게 창작되고 공연되고 있다.

요약하자면, 발레는 이탈리아 궁정의 사교춤에서 시작되어 프랑스에서 예술로 발전하고 러시아에서 전성기를 맞이한 후, 현대에 이르러 끊임없이 혁신을 거듭하며 발전해 온 서양 무용의 중요한 장르이다. 정교한 기술과 아름다운 움직임을 통해 인간의 감정과 이야기를 표현하는 발레는 오랜 역사 속에서 수많은 걸작과 뛰어난 무용수들을 배출하며 전 세계적으로 사랑받는 예술로 자리매김했다.

다. 종류

발레는 역사와 발전을 거치면서 다양한 스타일과 특징을 지닌 여러 종류로 나뉘게 되었다. 크게 분류하자면 다음과 같다.

1) 고전 발레(Classical Ballet)

19세기 러시아에서 절정을 이루었던 발레 스타일로, 오늘날 우리가 흔히 떠올리는 발레의 전형이다. 엄격한 규칙과 형식을 따르며, 정해진 동작과 순서, 그리고 완벽한 테크닉을 중요하게 여긴다. 여성 무용수의 포인테(pointe) 기술이 두드러지며, 튀튀(tutu)를 착용하는 것이 일반적이다. 명확한 줄거리와 등장인물의 성격을 묘사하는 판토마임(pantomime)이 중요한 요소로 사용된다. 대표적인 작품으로는 《백조의 호수》, 《잠자는 숲속의 미녀》, 《호두까기 인형》, 《지젤》, 《돈키호테》 등이 있다.

2) 낭만 발레(Romantic Ballet)

19세기 초 낭만주의 사조의 영향을 받아 발전한 발레 스타일이다. 현실 세계를 벗어난 환상적이고 비현실적인 내용, 초자연적인 존재, 그리고 비극적인 사랑 이야기를 다루는 경우가 많다. 여성 무용수가 중심이 되며, 길고 하얀 로맨틱 튀튀를 입고 섬세하고 서정적인 움직임을 강조한다. 대표적인 작품으로는 《라 실피드》, 《지젤》 등이 있다.

3) 신고전주의 발레(Neoclassical Ballet)

20세기 초 조지 발란신을 중심으로 등장한 스타일로, 고전 발레의 기본 테크닉을 바탕으로 더욱 간결하고 추상적인 형태를 추구한다. 줄거리나 장식적인 요소를 최소화하고, 음악의 구조와 리듬에 맞춰 순수하게 움직임 자체의 아름다움을 탐구한다. 때로는 무대 장치나 의상이 단순화되거나 생략되기도 한다. 대표적인 작품으로는 발란신의 《아폴론》, 《세레나데》, 《주얼스》 등이 있다.

4) 현대 발레(Contemporary Ballet)

20세기 후반 이후 고전 발레의 엄격한 형식에서 벗어나 더욱 자유롭고 다양한 표현 방식을 탐구하는 발레이다. 현대 무용의 기법과 요소를 적극적으로 수용하여 움직임의 범위와 질감을 확장한다. 사회 문제, 인간의 내면 심리 등 다양한 주제를 다루며, 형식에 얽매이지 않는 실험적인 시도가 이루어진다. 안무가의 개성과 철학이 강하게 드러나는 경향이 있다. 대표적인 안무가로는 모리스 베자르, 존 노이마이어, 윌리엄 포사이드 등이 있다.

5) 기타

이 외에도 작품의 특징이나 기법에 따라 다음과 같은 세부적인 분류가 있을 수 있다.

- 캐릭터 발레(Character Ballet) : 민속춤이나 전통춤의 요소를 발레에 도입하여 극의 분위기를 살리고 등장인물의 특징을 보여주는 춤이다. 고전 발레 작품 속에서 자주 등장한다.(예 : 《백조의 호수》의 헝가리 춤, 스페인 춤 등)
- 드라마 발레(Narrative Ballet) : 명확한 줄거리를 가지고 이야기를 전달

하는 데 중점을 둔 발레이다. 고전 발레의 대부분이 이에 해당한다.
- 추상 발레(Abstract Ballet) : 구체적인 줄거리 없이 음악과 움직임 자체의 조화와 아름다움을 탐구하는 발레이다. 신고전주의 발레의 특징 중 하나이다.

이처럼 발레는 다양한 종류와 스타일로 발전해 왔으며, 각기 다른 매력과 가치를 지니고 관객들에게 풍부한 예술적 경험을 선사하고 있다.

03 | 재즈댄스

재즈댄스는 아프리카 문화의 리듬과 움직임, 그리고 유럽의 춤 형식이 융합되어 탄생한 역동적이고 다채로운 춤이다. 강렬한 리듬, 즉흥성, 그리고 개성적인 표현을 중요하게 여기며, 다양한 스타일과 기법을 포괄하는 넓은 의미의 춤이라고 할 수 있다.

가. 특징

재즈 댄스는 그 역동적인 역사만큼이나 다채롭고 매력적인 특징들을 가지고 있다. 주요 특징은 다음과 같다.

- 강렬한 리듬 : 재즈 음악의 특징인 싱코페이션(syncopation), 즉 박자를 어긋나게 표현하는 리듬을 적극적으로 활용하여 독특하고 흥겨운 분위기를 만들어낸다.
- 그루브 : 몸 전체를 이용하여 리듬을 타는 느낌, 즉 '그루브'를 중요하게

생각한다. 단순히 박자에 맞춰 움직이는 것이 아니라, 음악의 흐름과 바이브를 온몸으로 표현하는 것이 핵심이다.
- 역사적 뿌리 : 초기 재즈댄스는 아프리카 춤의 즉흥적인 요소와 자유로운 표현 방식을 많이 반영했다.
- 개인의 스타일 강조 : 정형화된 틀보다는 개인의 감정과 해석을 담아 자유롭게 표현하는 것을 중요하게 여긴다. 안무 속에서도 무용수 각자의 개성을 드러낼 수 있는 여지가 많다.

나. 역사

재즈댄스의 기원은 아프리카의 노예들이 미국에 들여온 리듬과 동작에서 찾아볼 수 있다. 1510년 초에 처음으로 아프리카의 노예들이 라틴 아메리카로 팔려 가게 되었으며 점차 노예무역이 확대 되면서 아프리카인들 중 특히 니제르(Niger)지역 사람들이 배에 태워져 북미 대륙으로 이주하게 되었다.

아프리카의 노예들은 팔려오는 동안에 백인들을 즐겁게 해주기 위해 힘든 나날을 보내야 했으며, 또한 먹는 것이 부족해서 병을 못 이겨내고 죽는 경우가 많았다. 이런 상황에서 아프리카의 노예들은 구속과 채찍질에서 춤출 것을 강요받았으며, 상태가 좋은 노예를 원하는 백인들 때문에 살아남기 위해서 그들은 춤을 추었다.

재즈댄스는 이러한 신세계의 새로운 보금자리를 향해 항해했던 백인들의 노예로 따라온 아프리카인들의 춤이다. 아프리카 흑인노예들이 자신들의 처한 상황들을 암암리에 이겨 낼 수 있는 수단으로 손뼉치고 몸을 두드리면서 운율적인 목소리를 내어 표현해 내는 동작들로 즉흥적이고 창조적인 리듬과 움직임이 바로 재즈댄스의 시초라 할 수 있다.

미국에 도착했을 때 많은 아프리카 노예들의 주인인 백인들은 아프리카적인 수공업이나 의식들을 허용하지 않았지만, 종종 음악과 춤은 허용하였다. 그러다가 몇 차례 노예 폭동 이후 백인들은 드럼을 연주하거나 춤을 추는 것을 금지하는 노예법안을 1740년에 통과시켰다. 하지만 노예 법안으로 음악과 춤을 금지시킨다고 해서 그들의 문화적 정체성을 고수해 나가려는 희망까지 억압할 수 없었다.

재즈라는 용어는 19세기 말에서 20세기 초에 걸쳐 생겨났으며 그 유래에 대해서는 여러 가지 견해가 있다. 뉴욕에서 손으로 직접 만든 악기를 연주했던 대중적 밴드의 한 연주가의 이름이 재스퍼(Jasper)였는데 이를 줄여서 재스(Jas)라 불리었는데, 이를 '재스(Jass)'라고 하였다. 또 다른 견해는 '라즈 밴드(Razzs Band)'에서 '재즈 밴드(Jazz Band)'가 되었다고 하며, 또는 아프리카로부터 유래된 것이라고도 한다.

재즈댄스는 여러 가지 형식을 가지고 다양한 춤으로 발전하여, 뉴올리언스, 민스트럴시, 댄스홀의 발전으로 오늘까지 이어져오고 있다.

다. 종류

초기의 재즈댄스는 아프리카 춤의 요소인 폴리리듬, 그루브, 몸 전체를 사용하는 움직임과 유럽 춤의 구조와 형식이 결합된 형태였다. 거리나 술집 등 자유로운 공간에서 자연스럽게 발생하고 발전했으며, 즉흥적인 성격이 강했다. 대표적인 초기 재즈댄스 형태로는 다음과 같은 것들이 있다.

- 케이크워크(Cakewalk) : 흑인들이 백인들의 우아한 춤을 풍자하며 추던 춤으로, 경쟁적인 성격을 띠었다.
- 블랙 바텀(Black Bottom) : 1920년대에 유행했던 활기차고 리드미컬한 춤이다.

- 찰스턴(Charleston) : 1920년대 '재즈 시대'를 상징하는 대표적인 춤으로, 빠르고 경쾌한 발놀림이 특징이다.
- 링키 딩크(Lindy Hop) : 스윙 재즈 음악에 맞춰 추던 활기차고 즉흥적인 커플 댄스로, 공중으로 들어 올리는 동작 등이 특징이다.

20세기 중반에 들어서면서 재즈댄스는 무대 공연 예술로 발전하기 시작했다. 특히 할리우드 뮤지컬 영화와 브로드웨이 뮤지컬은 재즈댄스를 대중에게 널리 알리는 데 큰 역할을 했다. 이 시기에는 잭 콜(Jack Cole), 밥 파시(Bob Fosse), 제롬 로빈스(Jerome Robbins)와 같은 유명한 안무가들이 등장하여 자신만의 독특한 스타일의 재즈댄스를 창조했다.

- 잭 콜 스타일 : 인도와 동양의 춤에서 영감을 받은 고립된 움직임과 긴 팔다리의 사용이 특징이다.
- 밥 파시 스타일 : 관능적이고 스타일리시한 움직임, 구부정한 자세, 회전된 무릎, 독특한 손동작과 모자 사용이 특징이다.
- 제롬 로빈스 스타일 : 클래식 발레의 요소와 재즈댄스를 융합하여 극적인 표현력을 강조했다.

1960년대 이후에는 록큰롤, 펑크, 힙합 등 다양한 음악 장르의 영향을 받으면서 재즈댄스는 더욱 다양한 스타일로 분화되었다. 컨템포러리 재즈(Contemporary Jazz)는 현대 무용의 요소와 재즈댄스를 결합하여 부드럽고 감성적인 움직임을 추구하며, 스트리트 재즈(Street Jazz)는 힙합, 팝 등 대중음악에 맞춰 자유롭고 파워풀한 움직임을 선보이다.

오늘날 재즈댄스는 뮤지컬, 영화, 광고, 콘서트 등 다양한 분야에서 활용되고 있으며, 전 세계적으로 많은 사람들에게 사랑받는 대중적인 춤 장르로 자리매김했다. 그 역사 속에서 끊임없이 변화하고 발전해 온 재즈댄스는 앞으로도 새로운 음악과 문화의 영향을 받으며 더욱 다채로운 모습으로 진화할 것이다.

04 | 댄스스포츠

댄스스포츠의 시작은 17세기 유럽의 궁중무도회에서 남녀가 서로 파트너를 바꾸어 추는 춤인 사교 댄스에서 부터이다. 이후 영국 왕실의 둥글고 큰 방에서 추는 춤인 볼룸댄스(ballroom dance)로 발전했다. 볼룸댄스는 용도에 따라 무대용, 경기용, 전시용, 마스게임용, 사교용으로 나눌 수 있다.

댄스스포츠라는 용어를 맨 처음 공식적으로 사용하게 된 것은 1991년, 독일에 본부를 두고 있었던 국제아마추어댄스평의회(International Council of Amateur Dancers : ICAD)가 경기댄스를 올림픽 종목으로서 승인을 얻기 위한 적합성을 검토하는 과정에서 볼룸 댄스라는 명칭보다는 댄스스포츠가 적합하다는 결론을 내리고 국제댄스스포츠연맹(International Dance Sport Federation : IDSF)으로 명칭을 바꾸어 사용하면서 시작하였다.

19세기의 볼룸댄스는 집단적인 행동에 대한 일체감을 강조하였으며, 20세기에 접어들면서 댄스를 즐기는 사람들의 개성적인 표현을 더욱더 촉진시키게 된다. 좀 더 새로운 형태의 볼룸댄스가 미국을 중심으로 발달하기 시작하였고, 산업의 발전으로 인한 사회의 변화에 민감하게 반응하며, 자유로운 댄스 스텝들이 생겨나기 시작하였다. 이러한 댄스 스텝을 하나씩 정리하기 시작하면서 새로운 규정이 만들어지고, 국제 볼룸댄스 단체들이 생겨나면서 차츰 국제적인 시합이 열렸다.

1, 2차 세계 대전을 거치면서 각국의 춤 문화가 섞였고, 영국의 왕실무도교사협회가 현대와 같은 라틴 5종목, 스탠더드댄스 5종목으로 체계를 정립했다. 특히 미국에서 몇몇의 유명한 공연물에 볼룸댄스를 포함함으로써 몇 몇 종목의 댄스가 미국의 전역으로 퍼져 나가기 시작하였으며, 주로 무대용

(Stage Dance)으로 발달하기 시작하였다. 또한, 나이트 클럽이나 유명한 레스토랑의 무대에서 선보이기 시작한 시범용 댄스(Exhibition Dance), 단순히 사교적인 목적을 위한 사교댄스(Social Dance), 그리고 포메이션 댄스(Formation Dance)의 형태가 나이트 클럽의 화려한 무대에서 선보이게 된 것이다.

이렇게 다양한 목적으로 이용되는 볼룸댄스가 좀더 엄격한 규칙과 규정을 필요로 하는 스포츠로서의 면모를 갖추게 됨에 따라 주로 경기용으로 발전하기 시작한다. 경기용 댄스와 사교용, 무대용, 전시용 댄스의 차이점은, 후자는 좁은 장소에서도 자유롭게 춤을 출 수 있으나, 전자는 충분한 공간과 엄격한 규칙을 필요로 하게 되었다.

댄스스포츠는 다른 커플보다 춤을 잘 추기 위해서 서로 협동하는 가운데 경쟁해야 하는 기본적 요소를 갖추고 발달한 스포츠로서 스포츠 심리학적 가치뿐만 아니라 움직임의 예술적, 그리고 생체 역학적 측면에서의 가치가 높이 평가되고 있는 움직임 예술이다.

댄스스포츠는 댄스스포츠 경기대회에서 사용되는 춤으로서 크게 스탠더드 댄스(모던댄스)와 라틴 아메리칸 댄스로 나누어진다. 스탠더드 댄스(모던댄스)는 왈츠(Waltz),탱고(Tango),비엔나왈츠(Viennese waltz), 폭스트롯(Foxtrot),퀵스텝(Quickstep) 5종목으로 라틴 아메리칸 댄스(라틴댄스)는 차차차(Cha Cha Cha),룸바(Rumba), 삼바(Samba), 파소도블레(Pasodoble), 자이브(Jive) 5종목으로 세분화되어 총 10종목으로 구성되어 있다.

가. 스탠더드 댄스(모던댄스)

1) 왈츠(Waltz)와 비엔나왈츠(Viennesewaltz)

왈츠란 독일어로 "파도치듯 떠오르고 내려간다."라는 뜻을 가지고 있다. 이 춤은 이미 1780년 경 남부 독일의 농부들이 추었던 렌들러(Landler)라는 민속춤에서 유래되었으며 19세기 초 유럽 사교계에 소개되었을 때는 빠르게 우회전과 좌회전을 하는 춤이었다.

그러나 1차 세계 대전을 전후하여 미국에서 발생한 새로운 리듬에 영향을 받은 왈츠는 두 가지 형태로 나누어졌다. 그 하나는 속도가 느린 왈츠(Slow Waltz)이고, 다른 하나는 빠른 속도로 추는 비엔나 왈츠(Viennese waltz)다. 왈츠는 기본적으로 상승(rise)과 하강(fall)을 강조하는 기품 있고 우아한 춤이다.

2) 폭스트롯(Foxtrot)과 퀵스텝(Quickstep)

미국 뉴욕에서 1912년경 버드빌 댄서(극장 무대에서 노래를 부르며 춤을 추는 배우)인 해리(Harry Fox)라는 사람이 창안한 전혀 새로운 스타일의 이 춤은 영국에서 더욱 발전되어 우아하고도 환상적인 폭스트롯이란 춤과 경쾌하고도 빠른 퀵스텝이란 춤으로 나누어졌다.

3) 탱고(Tango)

18세기말 아르헨티나 동해안의 라 프라토 팜파스(laplatopampas)지방의 원주민인 가우초(Gauchos)족 기마병들이 술집에서 쉴 때 들려오는 리듬에 맞추어 춘 춤이다. 초기의 탱고는 오늘날의 것과는 아주 다르며 현재도 아르헨티나 탱고는 독특한 특성을 지녀 라틴 아메리칸 댄스에 가깝다. 이 춤은 영국에 도입되면서 더욱 세련된 춤으로 발전하였다. 탱고는 낭만적이며 이국적이고 환상적인 춤으로 누구에게나 매혹적인 레파토리로 알려져 있다. 리듬의 특징은 음이 끊어지는 듯한 스타카토에 있다.

퀵스텝(Quickstep)

탱고(Tango)

나. 라틴 아메리칸 댄스

1) 룸바(Rumba)

16세기경 아프리카(Africa)에서 노예로 온 흑인들의 리듬으로 적어도 1백 년 이상 쿠바에서 추어졌다. 이 춤은 1930년 경 영국에서 더욱 발전시켜 원래의 춤과는 아주 다른 춤으로 변하였다. 기본적으로 룸바는 라틴 아메리카 음악과 댄스의 정수이다. 룸바는 매우 환상적인 리듬과 동작을 가졌고 여성 댄서가 여성다운 춤사위를 표현할 수 있게 하는 춤이다.

룸바(Rumba)

2) 차차차(ChaChaCha)

차차차 춤은 원래 쿠바에서 유래했고 맘보가 그 선구자이다. 봉고 드럼이나 마라카스를 두드리는 음악 소리 자체가 차차차로 들린다. 차차차 춤은 라틴아메리칸 댄스 중에서도 가장 인기가 있다.

차차차

3) 삼바(Samba)

삼바 춤은 강렬하고 독특하나 율동을 지닌 생동감 넘치는 춤이다. 원래 아프리카에서 유래되었으며 사탕수수 농장에서 일하던 흑인노예들에 의해서 브라질 북부의 바히야 지방에서 보급되었고, 마침내 브라질의 대표적인 춤이 되었다. 처음으로 서양인들의 시선을 끈 것은 연례행사로 열리는 리우데자네이루의 카니발에서였다. 지금도 브라질에서는 삼바학교가 번창하고 있으며 독자적인 삼바리듬과 기본동작을 발전시키고 있다.

삼바(Samba)

4) 파소 도브레(PasoDoble)

파소 도브레는 스페인에서 유래되었다. 기본스텝은 행진곡 형식이며 투우를 묘사한 춤이다. 남자는 투우사를 나타내며 여자는 투우와 망토를 나타낸다. 유럽의 남쪽 프랑스,스페인 포르투갈에서 대단히 인기 있는 춤이다. 스페인어의 파소(Paso)는 스텝(Step)이라는 의미이며 도브레(Doble)는 더블(Double)이라는 의미이다.즉 '두 배의 걸음'이라는 뜻이다.

파소 도브레(PasoDoble)   자이브(Jive)

5) 자이브(Jive)

1927년 경 뉴욕의 하렘(Harlem)이란 흑인 거주지에서 째즈(Jazz)음악의 일종인 스윙(Swing)리듬에 맞추어 처음으로 추어진 춤이다. 1936년 경 전 미국을 휩쓸 정도로 인기가 절정에 달했다. 2차 세계대전 중 G.I(미국 직업 군인)들에 의해 유럽에 퍼졌고 세계 대전이 끝날 때까지 놀랄만한 인기는 계속되었다.

댄스스포츠 경기대회는 스탠더드 댄스(모던댄스)부분, 라틴 아메리칸 댄스, 스탠더드-라틴 아메리칸 댄스 순으로 10종목을 모두 행하는 텐 댄스(tendance)부분, 각 팀이 6~8팀으로 구성하여 스탠더드 또는 라틴 아메리칸 댄스를 추며 그들의 테크닉 사용 정도, 패턴, 회전의 부드러움, 마루의 이용 정도, 음악과의 조화들을 판단하는 포메이션 댄스(Formationdance) 부분으로 나누어진다.

05 | 스트릿 댄스

스트릿 댄스(street dance)의 사전적 의미는 거리의 춤, 길에서 추는 춤이라는 의미뿐 아니라 스트릿 문화에서 발생된 춤이라는 뜻을 가지고 있다. 스트릿댄스란 일반적으로 1960년대 이후, 각 문화의 전통 무용이나 발레, 현대무용 등의 이른바 순수무용으로부터 유래하지 않은 다양한 대중문화 기반의 춤을 일컫는 용어이다.

스트릿 댄스라는 단어 자체를 사용하기 시작한 시점은 불분명하나 90년대에 들어 해외의 1세대 댄서들이 한국에 내한하면서 스트릿 댄스라는 용어를 사용하면서 널리 사용되기 시작하였다.

스트릿댄스는 그 속성상 이른바 '막춤'을 비롯하여 모든 대중문화적 춤을 포괄할 수 있지만, 일반적으로 비보잉, 팝핑, 락킹, 왁킹 등의 올드스쿨 장르, 그리고 힙합, 하우스, 크럼프와 같은 뉴스쿨 장르들만을 가리킨다. 이들은 모두 70년대 이후 미국에서 흑인, 히스패닉 기반의 펑크, 힙합 문화로부터 유래했다는 공통점을 지닌다. 그러나 이 용어가 비교적 넓게 쓰일 때에는 레게, 비밥(린디홉), 탭댄스 등의 다른 전통을 지니고 있는 장르들도 포괄한다. 그러나 테크토닉, 라인댄스와 같이 춤의 체계가 명확히 잡히지 않았거나 지나치게 그 뿌리가 얕다고 여겨지는 장르들은 현재로서는 스트릿 댄스로 그다지 인정받지 못하고 있다.

스트릿 댄스를 떠올리면 기성세대들은 반항 정신을 떠올렸고, 요즘세대들은 자유를 떠올리곤 한다. 힙합문화와 스트릿 댄스의 첫 유입은 한국 청소년들에게 문화충격을 안겨다 주었고, 곧바로 새로운 문화에 젖어들게 되었다. 자유 속의 행복을 추구하는 스트릿 댄스 문화는 한국에 유입되면서 당시 가부장적이었던 시대적 상황 속에 억눌린 젊음이 표현될 수 있는 방법의 수단으로 자리 잡았다. 때문에 변화보다는 기존의 문화 속에서 안정을 찾는 기성세대와의 문화적 충돌이 발생했다. 잦은 마찰은 사회적인 이슈로 떠오르기도 했다. 격동의 유입기와 성장기를 지내면서 스트릿 댄스는 많은 이들에게 반항과 저항의 이미지가 생기기도 하였다.

현재 K-pop 시장의 시작이 스트릿 댄스의 유입으로부터라고 해도 과언은 아닐 것이다. 스트릿 댄스에 빠진 스트릿 댄서들이 생겨나고 젊은 세대들의 환호와 열광으로 한국 가요계의, 특히 댄스가요 시장이 성장하기 시작했기 때문이다. 스트릿 댄서로 시작하여 한국 가요계를 이끌며 세계의 k-pop 열풍을 이끌어낸 가수들로 서태지와 아이들, 듀스, 클론 등을 예로 들 수 있다.

스트릿 댄스를 힙합 카테고리와 비(非)힙합 카테고리로 분류한다면 힙합 카테고리 안에는 비보잉, 팝핀, 락킹, 힙합이 있고, 비 힙합 카테고리 장르로는 왁킹, 하우스, 크럼프 등이 이에 속한다. 엄밀히는 락킹과 팝핀의 테크닉은 힙합적인 요소가 아니지만 오랜 시간동안 힙합과 함께 조우하며 성장하여 힙합 안의 카테고리로서 받아들여졌다.

락킹(Locking)

힙합이라는 범주는 스트릿 안의 큰 뼈대로 자리하고 있기에 브레이킹 장르(B-boying, Poppin, Locking)를 기준으로 많은 배틀과 행사들이 열리고 있다. 1980년대에 hip-hop이라는 장르의 음악이 만들어지고 1990년대는 힙합문화와 힙합댄스의 전성기를 이루었다. 장르를 구분해 보면 Old School에는 비보잉, 팝핀, 락킹, 왁킹(Waacking) 등이 있고 New School에는 하우스(House), 힙합, 크럼프(Krump), 얼반(Urban) 등이 있다.

비보잉(B-boying)　　　　　　브레이크 댄스

비보잉(B-boying)은 스트릿의 대표적인 장르로 1970년대 미국 뉴욕 브롱스(New york bronx)으로 이주했던 남미계 이민자들에 의해 시작되었다. 브레이킹(Breakin)은 B-boying이라는 이름보다 좀 더 정확한 표현이다. 비보잉은 현재에도 브레이크 댄스라는 용어와 혼재되어 쓰이고 있다. 실제로 '브레이크 댄스'라는 단어는 보도하기 좋도록 언론에서 만든 용어이기에 정확한 용어라고는 볼 수 없다. 그러나 현재까지도 '브레이크 댄스'는 힙합의 총체적인 이름으로, 스트릿 댄스의 다른 이름으로 불리기도, 비보잉을 상징하기도 하는 의미로 쓰이고 있다. 일부에서는 비보잉을 하는 여자댄서들(B-girl)을 출전시키지 않는 한 비보잉이라는 용어는 잘못된 것이라고 지적하고 있으나, 단어의 철자에 의미를 두기 보다는 하나의 명사로 쓰이는 것이기에 인식의 개선에 있어서는 많은 시간이 필요할 것으로 보인다.

06 | 왁킹댄스

스트릿 댄스(Street Dance)의 한 유형인 왁킹댄스(Waacking dance)는 1970년대 디스코 유행동안 로스앤젤레스의 게이 클럽에서 만들어진 클럽 댄스의 한 형태이다. 왁킹 스타일은 일반적으로 70년대 디스코 음악에 최적화되어 있으며, 주로 회전하는 팔 동작과 포즈, 풍부한 표현력에 중점을 둔다는 점 등이 다른 장르와 구별되는 특징이다.

1970년대 초 펑킹(punking)으로 알려진 댄스 스타일이 등장하였는데, 당시 펑크(punk)는 게이 남성을 비하하는 용어였다. 웨크(whack)라는 용어는 팔을 머리 위로 리듬감 있게 움직이는 양식을 포함한 펑킹 스타일 내의 특정한 움직임을 말하였다. 펑킹을 추는 클럽 공동체의 범주가 넓어졌지만 이들은 춤에 부정적인 함축이 붙는 것을 원치 않았고, 장르의 이름을 왁킨(waackin)으로 바꾸게 되었다. 이후 제프리 대니얼이 g를 붙여 이 춤을 왁킹(waacking)이라고 부르게 되었다.

왁킹댄스는 사회적 혼란과 역경, 다변화 시대 속에서 탄생하였다. 1960년대 출생한 세대들은 1970년대 초 자신의 생계를 위한 인생을 살아가면서 자기중심적인 소비와 쾌락에 치중하게 되었고, 자신을 돋보이게 치장하기를 원하면서 클럽 문화가 발달하게 되었다. 디스코 음악 또한 행복감을 주기에 적합한 리듬이 주를 이루었으며 가사 역시 행복과 춤, 사랑 등 에 대한 갈망이 눈에 띄게 표현되었다.

동작적 특징의 움직임은 약하거나 부드러운 움직임만으로 표현되지 않고, 할리우드 영화, 뮤지컬 등 많은 곳에서 영감을 받아 개인만의 캐릭터성이 돋보이게 하였다. 신체의 특정 부위로서 손과 팔의 움직임이 감정을 표출하는데 큰 부분을 차지하며, 감정의 표현은 얼굴 표정뿐 아니라 손과 손가락의 움직임, 손이 접촉하는 신체의 위치 또한 그 동작의 의도에 따라 춤과 퍼포먼스의 성격이나 분위기가 변할 수 있다.

07 | 라인댄스

라인댄스는 미국 서부 시대 당시 여러 명의 남자들이 줄을 맞춰 똑같은 동작을 4방향으로 방향을 바꿔가며 춤을 추는 것에서 기원하였다. 대한라인댄스협회(Korea Line Dance Association)에서는 라인댄스를 라인(line), 즉 선상에서 여러 사람이 줄을 맞추어 추는 춤이라고 정의하였다. 다시 말해 라인댄스는 옆줄과 앞줄에 라인을 생성하여 춤을 추는 것이라고 할 수 있다. 라인 댄스는 한 그룹의 사람들이 하나 이상의 라인이나 행으로 배열되어 반복되는 일련의 단계에 따라 춤을 추는 안무 댄스이다. 이 선은 일반적으로 모두 같은 방향을 향하거나 덜 일반적으로 서로 마주한다. 써클댄스와 달리 라인댄서는 서로 신체접촉을 하지 않는다.

라인댄스 방식은 한 음악에 맞춰 같은 움직임으로 파트너 없이 춤추며 같은 동작을 여러 번 반복하며, 동서남북의 4방향을 전환하여 추는 댄스를 의미한다. 통상적으로 라인댄스는 춤추면서 방향을 바꾸어 가며 행하는 춤이다. 여기서 4방향이라고 하였지만 라인댄스 종류에 따라 한 개 혹은 두

개의 방향만으로 출수 있다.

　라인댄스의 특징을 크게 두 가지로 구분할 수 있는데, 첫 번째는 댄스스포츠처럼 파트너가 필요하지 않으며, 혼자 춤을 출 수 있다는 장점이 있다. 보통 에어로빅처럼 단체 안에서 추지만, 파트너가 있을 시에는 커플이 시계 반대 방향으로 무대 주위를 돌면서 춘다. 두 번째 특징으로는 춤의 강도가 높은 것부터 낮은 것까지 존재하여 남녀노소 편하게 춤을 즐길 수 있다는 것이다. 보통 24카운트, 32카운트처럼 쉬운 춤부터 64카운트와 같은 어려운 춤이 있으며, 빠른 음악부터 느린 음악까지 다양하다.

　라인댄스는 노인들의 건강과 남녀노소 누구나 쉽게 할 수 있는 국민건강 생활 댄스로 자리매김 함으로서 전 세계에 전파되었다. 라인댄스는 다른 춤과 견주어 동작이 크지 않는데다 간단하고, 운동 강도가 높지 않기에 남녀노소 쉽게 따라 할 수 있으며, 재미있고 서로 부담 없이 즐기며 할 수 있다.

　라인댄스는 경기를 위하여 릴트, 쿠반, 왈츠, 노벨티, 스무드, 펑키 등 6가지로 분류 할 수 있다. 라이즈 앤 폴은 왈츠음악, 릴트는 자이브. 삼바, 폴카, 이스트 코스트 스윙 등이 있으며, 쿠반은 차차, 룸바. 스무드는 나이트클럽 투스텝. 웨스트 코스트 스윙. 등 블루스 종류나 재즈 음악에 맞춰 춤을 추는 것이다. 또한 펑키는 힙합이며 마지막으로 노벨티는 위 5종류의 장르에 속하지 않는 음악을 사용한다. 즉 브로드웨이 춤, 재즈 등이 노벨티에 속한다.

- 소셜(Social) : 특정한 춤 동작이 요구되지 않아 가장 대중적이며, 모든 사람이 쉽게 따라 할 수 있다는 장점이 있는 춤이다.
- 라이즈 앤 폴(Rise & Fall) : 부드럽고 아름다운 동작을 사용한 춤으로 폭스트롯(Fox trot), 퀵스텝(Quick step), 왈츠(Waltz), 등이 있다.
- 스무스(Smooth) : 물 흐르듯 부드럽게 수평적으로 움직이는 동작을 사

용하는 춤으로 나이트클럽 투스텝(Nightclub two step), 허슬(Hustle), 웨스트코스트 스윙(West coast swing), 탱고(Tango)등이 있다.

- 릴트(Lilt) : 경쾌한 음으로 가볍게 뛰는 동작을 사용하는 춤으로 자이브(Jive), 폴카(Polka), 이스트 코스트 스윙(East cost swing), 삼바(Samba)등이 해당된다.
- 큐반(Cuban) : 멕시코, 브라질과 같은 남미의 춤 동작을 사용하는 춤으로 맘보(Mambo), 차차(cha cha), 룸바(Rumba)가 있다.
- 펑키(Funky) : 스타카토 음같이 끊는 듯 한 동작으로 신체를 던지고, 뒤집고, 튕기고, 꺾는 듯한 모양의 댄스로 치어리딩(Cheerleading), 브레이크댄스(Break dance), 힙합(Hip-hop), 팝핀(Poppin)등이 있다.
- 노벨티(Novelty) : 규정된 종류에 속하지 않고, 다양한 동작과 리듬으로 이루어진 안무로 소셜 장르의 라인댄스이다.

08 | 방송댄스

'방송댄스'는 TV 방송 프로그램에 출연하는 대중가요 가수의 춤을 통칭하는 용어로, K-pop 문화와 함께 발전해 왔다. 춤의 특정 장르를 지칭하기보다는, 대중에게 선보이는 모든 퍼포먼스 안무를 포괄하는 넓은 개념이다.

가. 특징

방송댄스는 단순히 춤을 넘어 시각적 즐거움과 대중성을 극대화하는 것을 목표로 한다.

- 다양한 장르의 혼합 : 방송댄스는 특정 장르에 국한되지 않고, 힙합, 팝핀, 왁킹, 락킹 등 다양한 스트릿 댄스 장르의 기술과 동작을 결합한다. 이를 통해 역동적이고 다채로운 퍼포먼스를 만들어낸다.
- 높은 대중성과 상업성 : 많은 사람들이 쉽게 따라 할 수 있는 안무와 포인트 동작(킬링 파트)이 포함되어 대중의 흥미를 유발한다. 이는 음반 판매와 홍보에 중요한 역할을 한다.

- 정교한 칼군무와 퍼포먼스 : 아이돌 그룹의 방송댄스는 멤버들의 움직임이 한치의 오차도 없이 맞아떨어지는 칼군무를 특징으로 한다. 이는 시각적인 통일성을 강조하며, 그룹의 결속력과 에너지를 보여주는 핵심 요소이다.
- 음악과의 높은 연관성 : 춤 동작 하나하나가 가사의 내용이나 음악의 분위기를 시각적으로 표현하도록 짜여 있다. 춤 자체가 음악의 메시지를 전달하는 중요한 수단이 된다.
- 신체 발달 및 운동 효과 : 동작의 강도가 높고 전신 근육을 사용하기 때문에 유산소 운동 효과가 뛰어나 다이어트나 체력 단련 목적으로도 인기가 많다. 이로 인해 많은 사람이 취미로 방송댄스를 배우고 있다.

나. 역사

방송댄스는 한국의 대중음악과 함께 성장하며, 시대별로 다양한 변화를 겪어 왔다. 단순히 춤을 추는 것을 넘어, K-pop의 시각적 정체성을 형성하는 핵심 요소로 자리 잡았다.

- 1980년대 : 댄스 음악의 시작

서구에서 유입된 댄스 음악과 디스코의 열풍이 방송에 등장하기 시작한 시기다. 이 시기에는 가수들이 음악에 맞춰 자유롭게 몸을 움직이는 수준의 춤이 주를 이루었다. 소방차, 박남정 같은 가수들이 댄스 음악의 초기 스타로 활약했다.

- 1990년대 : 방송댄스의 정립

서태지와 아이들의 등장으로 방송댄스는 혁명적인 변화를 맞이했다. 이들은 미국 흑인 음악인 뉴 잭 스윙과 힙합을 접목하며, 스트릿 댄스 장르를 대중화시다는 연구 결과도 있다.
- 통증 완화 : 만성 통증 환자들이 춤을 추며 신체의 긴장을 풀고 이완하는 과정을 통해 통증을 감소시킬 수 있다.
- 신체 감각 증진 : 평소 잘 사용하지 않던 근육과 관절을 사용하며 신체 감각을 깨우고, 자신의 몸을 더욱 섬세하게 느끼게 된다.

다. 인지적 효과

무용 치료는 신체 활동과 정신 활동이 결합된 형태이므로 인지 기능 발달에도 도움을 준다.
- 기억력 및 집중력 향상 : 새로운 안무나 동작을 배우고 기억하는 과정은 뇌를 자극하여 기억력을 향상시키고, 움직임에 집중하는 훈련을 통해 주의력과 집중력을 기를 수 있다.
- 문제 해결 능력 발달 : 즉흥적으로 움직임을 만들거나, 주어진 상황에 맞춰 창의적으로 반응하는 과정은 문제 해결 능력과 창의성을 향상시키는 데 도움이 된다.
- 치매 예방 : 춤은 운동과 동시에 인지적 과제를 요구하기 때문에 치매 예방에 효과적인 활동으로 알려져 있다.

라. 사회적 효과

무용 치료는 타인과 함께하는 과정에서 사회성을 증진시키는 효과를 가져온다.
- 대인 관계 기술 향상 : 그룹 치료에서 다른 사람들과 춤을 추고 소통하며 공감 능력을 기르고, 대인 관계에서의 상호작용 방식을 익힐 수 있다.

- 비언어적 소통 능력 발달 : 춤을 통해 말로 전달하기 어려운 감정을 표현하고, 상대방의 몸짓을 읽는 능력을 키우며 비언어적 소통에 익숙해진다.
- 사회성 및 협동심 증진 : 함께 춤을 추며 공동체 의식을 느끼고, 타인을 이해하며 수용하는 과정에서 자신감과 사회성을 향상시킬 수 있다.

07 | 무용치료 방법

무용치료의 창시자이며 현재 활동하고 있는 수많은 무용치료사들의 스승인 체이스(Chace)는 정신의학에 관한 설리반(Sullivan)과 프로이드(Freud)의 사고에 크게 영향을 받았다. 체이스(Chace)는 표현적이고 상징적이며, 통합적인 동시에 정신과 신체에 상호반응을 일으키는 무용의 요소들을 창조 해냈으며, 소통을 위한 댄스(Dance for Communication)라는 프로그램을 개발하였다. 무용치료 학자들이 제시하는 무용치료 방법을 보면 다음과 같다.

<표 4-1> 무용동작치료 선구자들의 방법론

이론가	프로그램 단계	프로그램 구조
머라리언 체이스	1. 준비 단계 2. 주제 전개 3. 나눔과 정리	·원의 집단 형태 ·동작의 상징화 ·치료적 관계 -비추기(mirroring) -반영(reflection) ·원형적 리듬 구조 ·그룹 활동
메리 화이트하우	1. 준비 단계 2. 비구조적 치료 3. 적극적 명상과 치료사 개입 4. 진정한 움직임 5. 전체성 통합	·신체적 자각 ·양극성 ·적극적 상상 ·진정한 움직임 ·치료적 관계 및 직관력

알마 하킨스	1. 시작 2. 호흡법 3. 심상 움직임 4. 경험들 공유	·심상 읽기 ·동작 탐구 ·동기화된 과제 수행
트루디 스쿱	1. 자유움직임 2. 내면 탐구	·교육적인 접근법-유머적 접근 ·리듬과 반복 ·내면의 환상 ·즉흥 동작과 미리 계획된 움직임
블란치 이반	1. 신체준비운동 2. 기능적 테크닉 3. 즉흥표현/연기	·투사요법 ·신체 움직임을 통한 퇴행과 수행

무용치료는 무용을 통한 치료라는 점에서 우리 몸의 움직임은 어떠한 성격을 가져야 하는지, 어떻게 분석해야 하는지는 매우 중요한 문제라고 할 수 있다. 그런 점에서 무용 치료의 중요한 영역은 개인의 신체 움직임을 전형적인 신체 조건과 동작을 고안하는 것이 필요하다고 할 수 있다.

1) 신체(Body)

인간의 몸은 그것이 활동하는 동안 구조적 육체적 특징을 지니는 것으로 간주한다. 인간의 육체는 어느 부분의 움직임이 활성화되어 있으며, 다른 것(사람과 사물)에 영향받고 있는지, 그리고 전반적인 몸의 구조를 설명해 주는 것으로 간주한다. 이러한 기준에 의해 인간 육체의 움직임을 구분하면 다음과 같다.

- 신체 특정 부위에서 시작하는 최초 움직임
- 특정 신체 부분과 다른 부분과의 연계
- 신체 여러 부분의 연속적인 동작
- 신체의 통합적 연결 유형

2) 움직임

동작 자체의 움직임은 물론이고 개인의 내적 의도와 감정을 싣고 있는 움직이는 것을 뜻한다. 개인이 동작할 때 동작의 강도, 동작의 통제, 동작의 타이밍은 모두 다르다.

- 움직임의 공간
- 움직임의 강도
- 움직임의 지속 시간
- 움직임의 형태

3) 형상

동작은 강도, 지속시간, 형태 등의 요소를 통해 일정 모양을 형성한다고 할 수 있다. 그러한 동작을 통해 우리 몸의 형태가 바뀐다고 할 수 있는데, 그러한 동작을 통해 만들어지는 몸의 형상이야말로 우리 신체와 움직임을 통합적으로 표현해 내는 중요한 요소일 것이다.

따라서 신체를 이용한 움직임을 통해 만들어지는 다양한 몸의 형태야말로 각 개인의 경험, 감정 상태, 병적인 불안감 등을 외부로 표출시키는 중요한 요소라고 할 수 있다. 이런 점에서 형상에 대한 관찰은 무용 치료의 기본적인 접근법이라고 하겠다. 이러한 형상 역시 우리는 다음과 같은 하부 범주를 설정해서 접근하는 것이 유용할 것이다.

- 정적인 형상
- 형상의 변화 방식
- 습관적 형상
- 의도적 형상
- 복합적 형상

08 | 무용심리극

무용심리극은 자신의 심리적인 상태를 무용으로 표현함으로써 자신이 가지고 있는 심리적인 문제를 발산하거나 투사하는 방법이다. 무용심리극의 목적은 개인의 심리적 정서적인 문제를 해결할 수 있다는 점이다.

무용심리극은 자신의 과거, 현재, 미래를 이동하면서 삶의 여러 측면을 탐구하게 되며, 자신의 현실, 문제, 소망 등 자신이 직면하고 있는 상황을 무용으로 표현하는 과정을 통해 내재된 자신의 감정, 무의식적 충동 등을 깨닫게 되고 현재 문제와 관련된 해결 방법을 찾아내게 된다. 이를 통하여 현재 문제를 해결하기 위한 여러 가지 대안들을 모색하고 보다 건강한 방식으로 적응할 수 있게 된다.

무용심리는 주인공과 주인공의 상대역을 해 줄 보조 자아와 주인공의 극이 펼쳐질 수 있는 무대 공간이 필요하다.

1) 주인공

주인공은 자기가 느끼는 문제를 드러내는 가장 중심적 인물로 주인공의 갈등이나 생활 장면을 중심으로 춤을 춘다. 주인공 개인의 내면세계와 그로부터 파생되는 인간관계에 초점을 맞추는 것이다. 그러니까 주인공은 심리적 주체가 되는 사람을 말한다. 주인공의 자발성이나 창의성에 따라 다양하게 표현될 수 있다.

2) 보조자

무용에서는 주인공이 자신의 표현할 때 도움을 주는 보조 역할을 하며, 주인공에게 필요한 역할을 적절하게 하는 역할을 수행한다.

3) 무대

심리극을 할 때 적절한 무대와 장치가 갖추어져 있으면 심리표현을 극대화할 수 있다. 심리극의 무대는 널찍한 거실이든 사무실, 교실, 정원, 어느 곳이든 심리극을 할 수 있는 공간이 될 수 있다.

09 | 무용 치료의 활용

무용 치료는 특정 문제나 목표에 따라 다양한 방식으로 활용될 수 있다. 치료의 대상과 목적에 따라 프로그램의 구성과 접근법이 달라지며, 주로 다음과 같은 방법으로 활용된다.

가. 정신질환 치료

무용 치료는 우울증, 불안 장애, 외상 후 스트레스 장애(PTSD), 섭식 장애 등 다양한 정신 질환의 치료에 효과적으로 활용된다.

- 감정 표현 촉진 : 우울증 환자는 언어적 표현에 어려움을 겪는 경우가 많다. 무용 치료는 춤을 통해 내면의 슬픔이나 분노를 표출하도록 도와 감정을 해소하고, 자기 인식을 높이는 데 기여한다.
- 신체 인식 회복 : 섭식 장애 환자들은 자신의 신체에 대해 부정적인 인식을 갖고 있다. 무용 치료는 자신의 몸과 긍정적인 관계를 맺고, 움직임의 즐거움을 느끼게 함으로써 왜곡된 신체 이미지를 바로잡는 데 도움을 준다.
- 트라우마 극복 : PTSD 환자들은 트라우마로 인해 신체가 경직되거나 특정 움직임을 회피하는 경향이 있다. 무용 치료는 안전한 환경에서 신체 움직임을 탐색하고, 긴장을 이완하며, 트라우마 기억을 몸으로부터 분리하는 과정을 돕는다.

나. 신체 재활 및 기능 향상

무용 치료는 파킨슨병, 치매, 뇌졸중 등 신체적 기능을 저하시키는 질환의 재활에도 활용된다.

- 운동 기능 회복 : 파킨슨병 환자에게 춤을 추게 하면 근육의 움직임을 유도하고 균형 감각을 향상시킬 수 있다. 뇌졸중 환자의 경우, 춤을 통해 마비된 신체 부위의 감각과 운동 기능을 회복하는 데 도움을 준다.
- 인지 기능 활성화 : 춤을 추면서 안무를 기억하고, 리듬에 맞춰 움직이는 과정은 뇌를 자극하여 인지 기능과 기억력을 향상시킨다. 이는 치매 환자의 인지 능력 저하를 늦추는 데도 효과적이다.

다. 사회성 및 관계 개선

무용 치료는 개인의 내적 치유뿐만 아니라, 타인과의 관계를 개선하는 데도 활용된다.

- 비언어적 소통 훈련 : 춤은 언어 없이도 자신의 감정을 전달하고 타인의 감정을 이해하는 비언어적 소통의 좋은 수단이다. 무용 치료를 통해 사람들과의 상호작용 방식을 배우고 사회적 기술을 익힐 수 있다.
- 그룹 활동을 통한 유대감 형성 : 그룹 무용 치료는 참가자들이 함께 춤을 추며 소속감과 유대감을 느끼도록 돕는다. 이는 사회적으로 고립된 사람이나 대인 관계에 어려움을 겪는 사람들에게 큰 도움이 될 수 있다.
- 자아존중감 증진 : 춤을 통해 자신의 몸을 긍정적으로 인식하고 표현하는 과정은 자아존중감을 높여, 사회생활에서 자신감을 갖도록 만든다.

라. 자기 계발 및 웰빙

심각한 질병이 없더라도, 무용 치료는 일반인들의 삶의 질을 높이는 데 활용될 수 있다.

- 스트레스 관리 : 현대인의 만성 스트레스를 춤을 통해 해소하고, 몸의 긴장을 이완하며 정서적인 안정을 찾을 수 있다.
- 창의성 발달 : 즉흥적인 춤을 통해 평소 사용하지 않던 창의성을 발휘하고, 새로운 방식으로 자신을 표현하는 즐거움을 느낄 수 있다.
- 신체적, 정신적 조화 : 무용 치료는 몸과 마음의 조화를 이루게 하여, 보다 균형 잡힌 삶을 살 수 있도록 돕는다.

무용 치료는 이처럼 다양한 대상과 목적에 따라 유연하게 적용되며, 개인의 삶에 긍정적인 변화를 가져오는 데 효과적인 치료법으로 자리 잡고 있다.

10 | 무용 치료의 전망

무용 치료는 신체, 정신, 정서의 통합을 돕는 심리 치료법으로, 앞으로 그 역할과 수요가 더욱 확대될 것으로 전망된다. 이러한 긍정적인 전망의 배경에는 다음과 같은 사회적, 문화적 요인들이 있다.

가. 정신 건강에 대한 사회적 인식 변화

현대 사회에서 스트레스, 우울증, 불안 장애 등 다양한 정신 질환을 겪는 사람들이 늘어나면서, 심리 상담과 치료에 대한 사회적 관심이 커지고 있다. 특히, 기존의 언어 기반 상담만으로는 해결하기 어려운 문제나 언어적 표현이 미숙한 아동, 청소년들에게 무용 치료는 효과적인 대안이 될 수 있다. 정신 건강에 대한 사회적 인식이 긍정적으로 변화하면서, 무용 치료와 같은 다양한 예술 치료의 수요는 꾸준히 증가할 것이다.

나. 고령화 사회와 웰빙 산업의 성장

전 세계적으로 고령화가 빠르게 진행되면서, 노년층의 신체적, 정신적 건강을 관리하는 것이 중요한 사회적 과제가 되고 있다. 무용 치료는 노년층의 신체적 기능을 유지하고, 인지 기능을 활성화하며, 사회적 고립감을 해소하는 데 효과적인 수단이다. 이로 인해 노인 복지관이나 병원 등에서 무용 치료 프로그램의 도입이 늘어날 것으로 예상된다. 또한, 건강과 삶의 질을 중시하는 웰빙 문화가 확산되면서 무용 치료는 일반인들의 스트레스 관리 및 자기 계발을 위한 프로그램으로도 자리 잡을 가능성이 높다.

다. 무용의 대중화와 융합

K-pop 댄스를 비롯한 다양한 실용 무용이 대중에게 인기를 얻으면서 무용에 대한 접근성이 높아졌다. 무용은 이제 소수의 전유물이 아니라, 누구나 즐길 수 있는 활동으로 인식되고 있다. 이러한 무용의 대중화는 무용 치료에 대한 거부감을 낮추고, 더 많은 사람들이 무용을 치료적 목적으로 활용하는 계기를 마련할 것이다. 또한, 무용 치료는 미술, 음악 등 다른 예술 치료는 물론, 물리 치료, 재활 의학 등과의 융합을 통해 더욱 다양한 분야로 확장될 것으로 보인다.

라. 전문성 강화와 직업 안정성

아직 국내에서는 무용 치료가 보편화되지 않아 전문 인력이 많지 않은 상황이다. 하지만 무용 치료에 대한 수요가 증가함에 따라, 무용 치료 관련 학과나 전문 교육 기관이 늘어나고 자격증 제도가 정비되면서 무용 치료사의 전문성이 강화될 것이다. 이는 무용 치료사라는 직업의 안정성과 사회적 인정을 높이는 요인이 될 것이다.

결론적으로, 무용 치료는 현대 사회의 다양한 문제들을 해결하는 새로운 대안으로 주목받고 있으며, 정신 건강, 노인 복지, 교육 등 다양한 분야에서 그 역할을 확장하며 성장할 것으로 전망된다.

제5장
무용 치료의 이론적 접근 방법

01 | 정신역동적 무용치료 모형

정신역동적 접근은 정신분석 접근이라고 하며 흔히 프로이드(freud)의 정신분석을 연상하게 된다. 프로이드(freud) 정신분석은 정신역동적 접근의 시초이며, 프로이드는 이에 가장 중요한 공헌을 한 학자임에 틀림없다. 하지만 정신역동적 접근이, 인간이 가진 무의식적 동기 등 내적인 힘과 그것들의 갈등을 중시한다는 측면에서, 프로이드(freud) 뿐 아니라 분석 심리학의 융(Jung)을 비롯하여, 신 프로이드 학파, 자아 심리학파 등도 모두 포함된다.

정신역동적 접근이란 인간의 무의식적 감정과 갈등이 신체의 움직임에 반영된다고 보고, 움직임을 통해 내담자의 내면을 탐색하고 치유하는 것을 목표로 한다. 즉, 횡적이며 동시적 접근 방법으로, 어떤 시점에 발현되는 개인의 행동이란, 외부에서 그 사람에게 영향을 주거나, 그 시점에 그의 내부에서 작용되고 있는 모든 힘이 상호작용하여 만들어낸 최종 결과로 보는 접근 방법이다. 즉 내담자 스스로가 무의식에 억압된 동기를 의식하게 하고, 통찰하게 함으로써, 부적응적 혹은 강박적 행동에서 벗어나도록 하는 것을 말한다.

가. 핵심 원리
- 무의식의 반영 : 무의식적으로 억압된 감정이나 트라우마가 몸의 자세, 움직임 패턴, 긴장 등에 나타난다. 무용 치료사는 이러한 비언어적 신호를 관찰하고, 내담자가 자신의 몸을 통해 무의식적 내용을 자각하도록 돕는다.

- 카타르시스(정화) : 격렬한 움직임이나 춤을 통해 내면에 갇혀있던 감정(분노, 슬픔 등)을 해소하는 과정이다. 이를 통해 심리적 압박에서 벗어나 해방감을 느낄 수 있다.
- 전이(Transference)와 역전이(Countertransference) : 내담자가 과거 중요한 인물에게 느꼈던 감정을 치료사에게 투사하는 것을 전이라고 한다. 반대로 치료사가 내담자에게 느끼는 감정은 역전이이다. 무용 치료에서는 이러한 전이와 역전이 현상이 움직임의 상호작용 속에서 발생하며, 이를 분석하여 치료에 활용한다.

나. 주요 기법

- 거울 기법(Mirroring) : 치료사가 내담자의 움직임을 거울처럼 그대로 따라 한다. 이 기법은 내담자가 자신의 움직임을 객관적으로 보게 돕고, 치료사와 내담자 간의 공감대를 형성하여 신뢰 관계를 쌓는 데 효과적이다.
- 즉흥 움직임(Improvisation) : 내담자가 정해진 틀 없이 떠오르는 대로 자유롭게 몸을 움직이게 한다. 이는 무의식적인 감정과 생각을 직접적으로 표현하게 하여 내담자가 스스로를 깊이 탐색할 수 있는 기회를 제공한다.
- 동작 인터뷰(Movement Interview) : 내담자의 움직임을 언어와 결합하여 심리적 의미를 탐색하는 방법이다. 예를 들어, 특정 동작을 취할 때 어떤 감정을 느끼는지, 어떤 기억이 떠오르는지 등을 질문하고 대화를 통해 심층적인 이해를 도모한다.

이러한 정신역동적 접근은 무용 치료의 가장 기본적인 토대가 되는 방법론 중 하나이다.

지그문트 프로이드

칼 융

다. 융(Jung)의 분석적 무용치료

무용 치료의 융(Jung)의 분석적 접근은 칼 구스타프 융의 분석심리학에 기반을 둔다. 이 접근법은 무의식을 개인적 차원을 넘어 인류 전체가 공유하는 집단 무의식(Collective Unconscious)으로 확장하며, 무용 치료를 통해 집단 무의식의 원형(Archetypes)을 탐색하고 자아의 통합을 이루는 개성화(Individuation) 과정을 돕는 것을 목표로 한다.

- 집단 무의식과 원형 : 융은 개인이 경험하는 무의식 외에, 인류 공통의 경험과 기억이 축적된 집단 무의식이 존재한다고 보았다. 이 집단 무의식은 '원형'이라는 보편적인 상징으로 표현되는데, 무용 치료는 춤을 통해 이러한 원형을 몸으로 경험하고 인식하게 한다. 예를 들어, '어머니' 원형은 보호와 양육의 움직임으로, '영웅' 원형은 도전과 성취의 움직임으로 나타날 수 있다.
- 개성화(Individuation) : 융 분석심리학의 궁극적인 목표는 개성화이다.

개성화는 의식과 무의식, 개인의 다양한 측면(예 : 페르소나, 그림자, 아니마, 아니무스 등)을 통합하여 온전한 '자기(Self)'를 형성하는 과정이다. 무용 치료는 춤을 통해 이러한 다양한 측면들을 몸으로 표현하고 통합하는 과정을 돕는다. 예를 들어, 평소 숨겨왔던 '그림자'(어둡고 인정하기 싫은 부분)를 춤으로 표출함으로써 이를 의식적으로 받아들이고 통합할 수 있다.

- 적극적 상상(Active Imagination) : 융이 개발한 심리 치료 기법으로, 의식을 유지한 채 무의식의 내용을 이미지나 동작으로 자유롭게 표현하는 것을 말한다. 무용 치료는 이 적극적 상상을 '움직임'으로 구현한 것으로, 내담자가 무의식에서 떠오르는 감각이나 이미지를 몸으로 표현하도록 하여 의식과 무의식을 연결하는 다리 역할을 한다.

02 | 현상학적 무용치료 모형

현상학은 독일의 철학자 에드문트 후설(Edmund Husserl)에서 시작된 철학운동으로서 서유럽에서 발전되다가 20세기 중반 미국으로 전파되었다. 현상학은 무언가에 대한 선입관이나 추론적인 이론이 아닌, 개인적이고 주관적인 경험을 바탕으로 하는 인본주의적 심리치료에 영향을 미쳤다.

에드문트 후설

현상학의 기본 개념은 의도성(intentionality)인데, 이는 내가 보고 있는 것에 열중하는 것이다. 또 우리의 의식은 항상 어떤 대상과 관계하고 있다는 것이다. 그래서 내담자는 의도적으로 자기가 보고 싶은 대로 세계를 의식하고, 자기와 관계하는 대상을 스스로 찾으려 한다. 즉, 의도성이 결정을 주도한다고 할 수 있다. 그리고 의도성은 신체와 더불어 존재하는 정신적인 것이기 때문에, 신체도 의도성을 가지고 인식한다고 보는 것이다.

예컨대 내담자가 신체를 통해 인식하는 것도 의도성을 가지고 자신이 보고 싶은 세상을 지각하게 되는 것이라는 말이다. 따라서 무용을 하는 내담자의 표현 행동도 중요한 분석 대상이라는 것을 무용치료에 활용할 수 있는 철학적 기반을 제공하였다는 의미에서 현상학이 치료에 기여한 공로가 크다고 하겠다.

무용치료는 내담자가 경험한 것을 직접 무용으로 표현함으로 인해서 내담자가 가지고 있는 감정이나 욕구를 투사하게 된다. 즉 내담자는 무용치료에서 자신의 상태를 정확히 파악하고, 새로운 사는 방식을 배워나가게 된다.

의식 현상학은 존재 안에 숨겨진 무의식을 밝혀낸다는 점에서 무용치료와 가깝다. 때문에 무용치료의 이론적 배경을 제공하기에도 충분하다. 무용치료에서 내담자가 자유롭게 선택한 무용을 가지고 자기 스스로 자유롭게 표현하는 과정이나, 무용을 감상하고 관찰하는 과정에서 현상학적 목표를 달성할 수 있다.

무용치료는 일상에서 벗어나 무용을 하면서 자신의 감정을 표현하는 것으로써, 즉각적인 해방이면서 스트레스로부터 벗어나는 계획된 활동이기도 하다. 내담자는 심리상담사에 의해 의도적인 무용과 상담을 받으면서, 내담자가 변화되는 정서 표현과 언어 표현을 통해서 새로운 가능성에 대해 탐색할 수 있게 된다.

현상학적 심리치료 방법을 무용치료에 도입해 보면 다음과 같다.

첫째 단계, 내담자 스스로 경험을 표현하기 적당한 무용을 만들거나 선택한다.

둘째 단계, 무용 공연을 통해 자신의 경험을 만들거나 창조하게 한다.

셋째 단계, 현상학적 직관은 인지과정과 현상학적 묘사와 논의 단계를 거치게 된다. 인지과정은 내담자가 무용 중에 자신을 객관적으로 관찰하는 과정이다. 현상학적 묘사는 무용 공연에서 자신의 정서를 표현하는 것을 말한다. 현상학적 논의는 심리상담사가 내담자의 마음을 열도록 도와주고, 무용을 보면서 토론할 점을 알려 주는 것을 말한다. 현상학적 묘사는 무용 공연을 보고 있는 그대로 설명하는 것이라면, 현상학적 논의는 무용 공연을 보고 내담자의 의도를 따라 토론하는 것을 말한다.

넷째 단계, 현상학적 통합이다. 내담자의 무용 공연에서 나타난 표현 활동 분석 결과와 내담자의 치료 목표에 대한 유사점과 차이점 발견하여 토론한다.

다섯째, 내담자는 무용 결과 변화를 반영한다. 내담자의 반영은 내담자가 무용 공연에서 받은 정서 표현을 통해, 원래 의도와 실제 표현 간의 관계를 파악함으로써, 자신을 발견하게 되는 것이다. 그러고 나서 내담자가 무용에서 정서를 표현하는 과정에서 하는 노력과 실제 생활 속의 경험에 대처하기 위해서 하는 노력 사이의 유사한 점을 찾게 함으로써, 미래에 대한 대처 능력과 변화되도록 하는 것이다.

03 | 게슈탈트 무용치료 모형

통합되어 있는 구조를 독일어로 게슈탈트라고 한다. 다시 말해, 전체, 형태, 모습 등을 의미하는 단어이다. 게슈탈트 치료는 1960년대 미국 캘리포니아에서 프리츠 펄스(Fritz perls)가 시작한 것으로 일반적으로, 혁명적인 치료 방법이라고 알려져 있다.

실존주의 철학이 현상학적 방법에 기초한다면, 게슈탈트 치료는 현상학, 정신분석 그리고 게슈탈트 심리학에 기초를 두고 있다. 즉 본 것을 인식으로 나타내는 현상학, 무의식 세계를 외부로 표현하는 정신분석, 그리고 개체는 어떤 자극에 노출되면 그것을 쪼개어 보지 않고, 통합적으로 보는 게슈탈트 심리학 등의 영향을 받아 정립된 것이다.

프리츠 펄스

게슈탈트 치료의 목적은 자아 분석이 아닌, 자아의 통합에 있으며, 그 기본 가정은 개인 스스로 자기 삶 속에서 일어나는 문제를 잘 다룰 수 있다는 것이다. 여기에서 심리상담사의 역할은 내담자가 자신이 경험하고 느끼는 것을 방해하는 장애물을 자기 스스로 인식하도록 함으로써, 자신의 존재에 대해 충분하게 경험하도록 돕는 것이다. 이때 자아 통합의 개념은 자신의 자각에만 한정하지 않고, 사고, 욕구, 감정, 행동, 신체감각 등, 유기체의 전 영역으로 확장시켜 적용하고 있다.

　게슈탈트 무용치료의 중점은 과거 미해결 감정의 해결에 두고 있다. 무엇보다 내담자의 무용공연에서 능동적인 움직임을 찾아 과거 미해결 감정을 현재 경험과 접촉시키려는 강력한 매개체로서의 역할에 치료의 초점을 두고 있다.

　게슈탈트 무용치료에서는 심리상담사와 내담자의 실존적인 만남이 중시되므로, 주로 워크숍 형태의 치료 방법을 사용하는데, 이때 심리상담사는 연출가 역할을 하게 된다. 결과적으로, 게슈탈트 무용치료에서는 개인이 부딪히는 상황에 대해 개인의 책임을 강조한다.

　게슈탈트 꿈 작업(dream work) 기법은 내담자가 자발적으로 표현한 무용 심상의 의미를 통해, 내담자의 의식을 불러일으키는 것이다. 다시 말해, 꿈을 사실화시켜 현실의 문제로 재현하고, 무용을 매개로 삼아 자신의 꿈을 반영한 무용을 공연한 후 그 의미를 찾을 수 있다. 결국 게슈탈트 치료에서는 표현 기법을 다양하게 사용할 수 있으므로 이 원리를 무용치료에서도 그대로 적용하여 사용할 수 있다.

　기본적으로, 무용치료에 대한 접근은 게슈탈트 치료처럼, 해석이 주가 아닌, 최대한 내담자가 자기 자신의 치료를 스스로 수행할 수 있도록 하는 것이다. 즉 내담자가 자신의 정서를 반영하는 무용을 선택하여 무용 공연을 함으로써 자신의 감정을 직접 진술하게 하여, 자신의 문제점을 발견하고, 문제를 치료하는 작업이 게슈탈트 무용치료의 목적이며 의미이다.

　또한 내담자는 무용 공연을 통해서 그 동안 해결되지 못하고 쌓인 과거의 과제를 현재에서 인식하고 경험하게 해야 한다. 내담자가 무용 공연을 하면서 과거와 현재 간의 갈등이 생길 때 이를 심리상담사에게 도움을 요청하는 방법보다, 내담자 스스로가 무용 공연을 통해 직접 해결해 보게 하는 것이 좋다.

내담자가 스스로 문제를 해결해갈 때 점진적으로 각성 수준이 넓어지게 된다. 이처럼 내담자가 무용치료를 하면서 이전에는 깨닫지 못했던 자신의 무의식을 깨닫고, 자신이 가지고 있는 문제점을 구체화시키고, 이들을 인지하고 통합할 수 있게 하는 것이 게슈탈트의 심리치료를 이용한 무용치료의 목표라 할 수 있다.

결국 게슈탈트 무용치료는 내담자 스스로가 무용을 하면서 자신에 대한 객관적인 이해와 인식을 갖게 되면서 자신이 가진 문제를 치료하게 하는 것이다.

게슈탈트 무용치료가 성공하기 위해서는 내담자와 심리상담사 사이에 신뢰감과 친밀한 관계가 형성되어 있어야 하며, 내담자가 자신의 내면세계를 있는 그대로 표현할 수 있도록 해야 한다. 그리고 표현할 때는 직접적인 의사소통을 통해 충분하게 상호작용이 이루어지도록 이끌어 가야 한다. 심리상담사는 내담자의 무용 공연에서 나타나는 표현을 통해서 진단하고 문제점을 치료할 수 있도록 최대한 내담자가 가진 잠재력을 활성화하기 위해 노력해야 한다.

04 | 인간 중심 무용치료 모형

인간 중심 치료는 행동주의 및 정신분석 접근의 대안적인 치료 방법으로 등장한 제3세력으로 불리는 인본주의 심리학의 대표적인 치료 방법이다. 인간 중심 치료는 1940년 칼 로저스(Carl Rogers)에 의하여 개발되어 지금까지 계속 발달하고 있는 인간의 성장과 변화에 대한 접근법이다.

인간 중심 치료의 전제는 인간이 가진 자기실현 경향성(actualising tendency)이다. 나무가 하늘을 향해 뻗어나가는 속성을 가졌듯이, 인간도 자기실현을 향해 움직이며, 거기서 자신에 대한 의미를 찾을 수 있다고 믿는 것이 인간의 자기실현 경향성이다.

칼 로저스

인간의 자기실현 과정에서 나타나는 일반적 특징은 융통성과 개방성, 자율성이다. 이에 내담자에 대한 치료는 총체적으로 되어야 한다. 이처럼, 의미와 주체성을 제공하는 자기실현과 성취에 인간 중심 치료의 기본 목표를 두어야 한다.

인간 중심 치료에서의 대상은 인간이 가진 기본적인 욕구와 충동이 좌절되었을 때 외부로 드러나는 증상 혹은 문제이다. 인간 중심 치료에서 내담자는 자신의 부적응을 표현하는 것으로 자신을 이해하고 수용하게 되는 경험을 한다. 방어적인 행동에서 자유로워지면서 보다 긍정적이고 상징적으로 발전하게 된다. 결국 인간 중심 치료의 특징은 자신의 가치를 스스로 선택하는 과정을 통해, 치료될 수 있도록 도와주는 것이다.

인간 중심적 무용치료는 무용을 통해서 느끼는 정서 표현을 창조적 행위로 보며, 이런 행위가 내담자가 가진 문제를 해결하게 하고 자아실현을 하게할 수 있다고 보는 데서 출발한다. 즉 내담자가 무용을 공연하면서 자신을 객관적으로 볼 수 있고, 변화된 감정을 통합시켜 자아실현을 할 수 있다고 보는 것이다.

무용치료가 인간 중심 심리치료로서 효과를 보려면 세 가지의 기본 가정을 지니고 있어야 한다.

첫째, 심리상담사는 내담자를 정신적으로 문제가 있는 사람이라고 보지 않는다. 다만, 정신적, 환경적 원인에서 기인된 갈등의 결과들이 삶에 적응하려는 데 있어 특정한 문제를 일으키는 것으로 본다.

둘째, 삶 속에서 직면하는 많은 변화에 대하여 성공적으로 대응하는 정체성이나 의미, 자기실현 등을 찾지 못한다는 것은 개인의 삶에 영향을 주게 된다.

셋째, 자기실현을 위해 영적 차원의 자기 초월적 목표를 세울 수 있는 것이 아닌 이상, 인간은 기본적이면서 오염되지 않고, 정직하면서도 솔직하게 자기를 노출할 수 있는 생활 방식을 통해 자기실현을 이룰 수 있다고 본다.

이러한 인간 중심 치료 기법을 무용치료에 적용해 보면 무용치료는 내담자의 정신 깊은 데까지 탐색할 수 있는 의지와 힘을 길러준다. 또한 몸, 마음, 영의 조화로운 협력을 도와준다. 무용치료를 통해서 내담자가 표현하는 감정은 두려움이나 불행, 불안을 탈피하려는 것이기보다, 진정한 표현에서 비롯되는 성취로 인해 나타나는 기쁨, 유쾌한 흥분이며, 창조적 표현으로의 보아야 한다.

05 | 행동적·인지적·발달적 무용치료 모형

무용치료에서 행동주의적 접근은 행동치료기법을 무용치료에 실제로 적용시킨다는 것을 의미한다. 정신역동적 관점과 행동주의적 관점이 서로 상반되는 이론이라고 알려져 왔다. 하지만 심리상담사들은 내담자의 특성에 맞게 행동치료기법을 활용하고 있다. 치료에 있어, 심리치료와 행동치료는 강화를 이용한다는 점이나, 전이 현상의 의존, 통찰의 적용 등, 그 유사점이 많기 때문이다. 이를 통해 볼 때, 행동치료와 심리치료는 상호 보완적인 측면을 가지고 있다고 할 수 있다.

에릭슨

피아제

무용 치료의 인지행동적 접근은 행동주의 심리학과 인지 심리학을 바탕으로 한다. 이 접근법은 내담자의 잘못된 생각(인지)과 비효율적인 행동(행동) 패턴을 변화시키는 데 초점을 맞춘다. 무용 치료에서는 신체 움직임을 통해 이러한 인지와 행동을 구체적으로 수정하고, 바람직한 방향으로 이끄는 것을 목표로 한다.

가. 핵심 원리
- 인지와 행동의 상호작용 : 우리의 생각(인지)은 행동에 영향을 미치고, 행동은 다시 생각에 영향을 미친다. 예를 들어, '나는 춤을 못 춘다'는 부정적인 생각이 몸을 경직되게 만들고, 경직된 몸은 다시 '나는 역시 춤을 못 춘다'는 생각을 강화하는 악순환을 만든다. 무용 치료는 이러한 악순환의 고리를 끊는 것을 목표로 한다.
- 구체적인 목표 설정 : 치료는 추상적인 감정 해소보다 구체적이고 측정 가능한 행동 목표를 설정하는 데 중점을 둔다. 예를 들어, '불안감을 줄인다'는 목표 대신 '다른 사람과 눈을 맞추며 춤을 춘다'와 같은 구체적인 행동 목표를 설정한다.
- 학습과 반복 : 춤을 통해 새로운 행동을 학습하고, 이를 반복적으로 연습하여 몸과 마음에 긍정적인 습관을 형성하게 한다.

나. 주요 기법
- 구조화된 움직임 : 치료사가 특정 동작이나 리듬을 내담자에게 가르치고, 이를 반복적으로 수행하게 한다. 예를 들어, 불안감이 있는 내담자에게는 호흡을 안정시키는 부드러운 움직임을, 위축된 내담자에게는 자신감을 표현하는 확장적인 동작을 연습시킨다.
- 역할 연기(Role-playing) : 춤을 통해 특정 역할이나 상황을 연기하며 새로운 행동 방식을 연습한다. 예를 들어, 사회적 기술이 부족한 내담자는 춤을 통해 다른 사람과 상호작용하는 상황을 연기하며, 더 자신감 있고 능동적인 자세를 몸으로 익힌다.
- 근육 이완 훈련 : Progressive Relaxation(점진적 근육 이완)과 같은 기법을 춤과 결합하여 몸의 긴장을 이완시키는 방법을 가르친다. 이는 불

안이나 스트레스로 인한 신체적 긴장 완화에 효과적이다.
- 피드백과 강화 : 내담자가 목표로 하는 행동을 성공적으로 수행했을 때 긍정적인 피드백을 제공하여 행동을 강화한다. 이는 내담자의 동기를 부여하고, 변화를 지속하게 만드는 힘이 된다.

무용 치료의 인지행동적 접근은 주로 불안 장애, 공황 장애, 사회 공포증 등과 같이 특정 행동을 수정해야 하는 경우에 효과적으로 활용될 수 있다.

제6장
무용 치료의 적용

01 | **ADHD**

가. 정의

주의력결핍 과잉행동 장애(Attention Deficit Hyperactivity Disorder, ADHD)는 주로 7세 이전 아동기에 나타난다. 지속해서 나타나는 주의력결핍, 산만, 과잉행동, 충동성을 특징으로 하는 정신질환을 말한다. 통상 ADHD는 주의력 결핍 장애(AD)가 주로 표출되는 경우, 과잉행동장애(HD)가 주가 되는 경우, 그리고 이 두 가지가 동시에 나타나는 혼합형(ADHD)의 세 가지 유형으로 분류

된다. 이를 총칭하여 ADHD로 지칭한다.

나. 원인

ADHD의 원인은 선천적으로는 뇌에서 주의집중력에 영향을 주는 호르몬인 도파민(dopamine) 결핍이다. 후천적으로는 부모의 잘못된 양육 방식에 기인한다. 아동기에 아이들에게 특정 애착 대상의 부재, 부모의 과잉보호나 무관심으로 인해 적절한 행동 훈련 부재, 일관성 없는 양육 방식 등에 의해서 발생한다.

유전적으로 다른 형제가 ADHD에 걸리면 다른 자녀의 발생률은 대략 30% 내외이며, 부모가 주의력결핍 과잉행동장애인 경우에 그 자녀는 57%의 발생률을 보인다.

다. 증상

ADHD에 걸린 아동의 증상은 한 가지 사안에 대하여 주의집중을 유지하

기가 어려우며 외부자극에 쉽게 흐트러진다. 타인의 말을 귀담아듣지도 않을 뿐만 아니라 지시나 학교 과제, 집안일, 책임 등을 끝까지 마무리하지 못하는 경향이 있다. 그리고 어떤 일이든지 깜박하여 잘 잃어버리는 경향이 있어 실패가 빈번하다. 그러나 행동적인 에너지가 넘쳐 가만히 있지를 못하고 지나치게 말이 많으며 큰소리를 내거나 특이한 행동을 지속해서로 한다.

ADHD에 걸린 아이는 출생 직후부터 예민하고 키우기 힘들며, 특히 걸음마를 하기 시작하면서부터 한곳에 가만히 있지를 못하고, 무엇을 만지작거린다. 그리고 조용해야 할 상황에서 함부로 뛰어다닌다. 공간을 난장판으로 만들어 놓는 것이 일상이며, 아무 데나 기어 올라간다. 조심성이 없어 자주 넘어지거나, 높은 곳에서 떨어지는 일이 자주 일어난다.

학교생활에서는 자신의 순서를 기다리지 못해 친구들과 다투기도 하고, 타인의 일에 지나치게 간섭하여 싸움으로 번지게 되고 그로 인해 왕따를 당하기도 한다. 그리고 앞뒤가 맞지 않는 허황된 질문을 하거나 자신의 의견이나 행동이 받아들여지지 않을 때는 파괴적이고 공격적이며 위험한 행동을 하기도 하며 잘못을 하고도 책임을 회피하고 남의 탓으로 전가하는 행동을 하여 교사를 곤욕스럽게 하거나 타인을 분노하게 만든다.

ADHD 증상이 심해지면 집중력이 떨어져 새로운 것을 배우는 일이 어려우며, 낮은 자존감으로 사회적인 교류가 어려워져 학교생활, 또래 친구, 가정생활을 어렵게 하기도 한다.

ADHD에 걸린 아동은 지능이 같은 다른 아동보다 학업성취도가 떨어진다. 친구들과 협동하는 데 어려워한다. 또한, 부정적인 자아개념을 갖고 있다. 우울증, 비행장애, 학습장애, 언어장애 등의 이차적 질환으로 이행하기 쉽다. 아동기에 치료되지 않은 ADHD 증상은 청소년기에 들어서는 학업실패, 또래 관계 문제, 비행, 우울증 등의 증상으로 발전될 위험이 있다. 그리고 성인기까지 지속되어 정서적 문제, 대인관계 문제, 기능적 문제를 가질 위험이 크다.

라. 진단

　ADHD 증상이 감지되었다면, 인지검사와 심리검사를 통해 진단하는 것이 좋다. ADHD의 가장 보편적인 치료 방법은 약물 사용이다. 약물치료와 더불어 무용치료를 병행하면 효과가 있다.

마. 치료 방법
- 리듬 기반 춤(힙합, 탭댄스 등) : 명확한 비트와 리듬에 맞춰 움직이는 춤은 주의 집중력을 높이고 충동적인 움직임을 조절하는 데 도움이 될 수 있다.
- 구조화된 춤(라인 댄스, 포크 댄스 등) : 정해진 순서와 대형에 따라 움직이는 춤은 순서 기억력과 규칙 준수 능력을 향상시키는 데 도움이 될 수 있다.
- 자유로운 움직임 기반 춤(즉흥 춤, 무용 치료) : 자신의 감정과 에너지를 자유롭게 표현하는 춤은 정서적인 해소와 자기 인식 향상에 도움이 될 수 있다. 특히 무용 치료는 전문가의 지도하에 심리적인 어려움을 다루는 데 효과적일 수 있다.
- 협동적인 춤(사교 댄스, 파트너 댄스 등) : 다른 사람과 함께 호흡을 맞추고 움직이는 춤은 사회성, 공감 능력, 배려심 등을 기르는 데 도움이 될 수 있다.

바. 효과

- 주의 집중력 향상 : 정해진 동작과 리듬에 집중하는 과정은 주의 집중력을 훈련하는 데 도움이 될 수 있다.
- 과잉 행동 및 충동성 감소 : 신체 에너지를 건강하게 발산하고, 자신의 움직임을 조절하는 방법을 배우면서 과잉 행동 및 충동성을 줄일 수 있다.
- 정서 조절 능력 강화 : 음악과 움직임을 통해 다양한 감정을 표현하고 이해하는 경험은 정서 조절 능력을 향상시키는 데 도움이 된다.
- 자기 인식 및 자존감 향상 : 자신의 신체를 움직이고 새로운 동작을 배우면서 성취감을 느끼고, 신체 이미지와 자존감을 긍정적으로 형성할 수 있다.
- 사회성 증진 : 그룹으로 함께 춤을 추는 활동은 타인과의 상호작용, 협동심, 규칙 준수 등 사회성 발달에 긍정적인 영향을 미칠 수 있다.

02 | 강박신경증

가. 정의

강박신경증은 의지와 상관없이 특정 생각이나 행동을 반복하는 상태를 말한다. 강박신경증은 잠시 나타나는 증상으로, 강박행동이 내재된 불안을 조절하지만, 그 행동을 중지하면 불안증세가 다시 나타나기 때문에, 잘못인 줄 알면서도 강박행동을 반복하게 된다. 대개 인구의 2%가 강박신경증으로 고통받는 것으로 알려져 있다.

나. 원인

강박신경증을 일으키는 원인이 아직 완전히 규명된 상태는 아니지만, 심리적 요인과 생리적 요인이 복합적으로 작용한 결과라는 데는 의견의 일치를 보고 있다. 강박신경증의 심리적 요인은 심리적으로 불안이 강화되거나 초조함이 강해지는 것이다.

강박신경증의 생리적 요인은 뇌의 전두엽 피질, 시상, 미상핵(caudate nucleus) 등을 연결하는 행동 제어 회로가 불안정해지거나, 뇌 안의 세로토닌 농도가 정상치에 비해 아주 낮아지는 것이다. 그리고 강박신경증도 유전적인 영향이 매우 강한 것으로 밝혀졌다.

다. 증상

정상인에게도 어느 정도 강박증세가 있을 수 있다. 그런데 그 정도가 심하여 고통스러움을 느끼고, 일상생활이나 사회생활, 대인관계에 지장을 주게 된다면 병이 된다. 예를 들면 세균 감염이 두려워 하루에도 수십 번 손을 씻거나 목욕을 한다. 집안을 하루에도 수십 차례 청소해야 직성이 풀린다. 생기지도 않은 일에 대해서 고민하고 두려움에 빠진다. 이처럼 안정감을 느끼기 위해 특정 행동을 지속하여 반복하는 것이 강박신경증이다. 또 특정 생각에서 못 빠져나오는 상태도 이에 속한다.

환자는 강박사고 혹은 강박행동 중 하나만 나타내기도 하고 둘 다 보이는 경우도 있다. 일반적으로 강박사고는 불안을 줄이지만, 강박행동은 불안을 증가시키는 경향이 있다. 이러한 생각이나 행동이 문제라는 것을 알지만, 스스로 그것을 조절할 수 없다. 따라서 일상생활을 비롯하여 학습, 사회적인 활동, 대인관계 등에 막대한 영향을 미치게 된다. 강박행동을 억제하면 오히려 불안이 증가하게 된다.

라. 치료 방법
- 리듬 기반 춤(힙합, 살사 등) : 명확한 리듬에 맞춰 움직이는 것은 현재에 집중하도록 돕고, 강박적인 생각의 흐름을 끊는 데 도움이 될 수 있다.
- 구조화된 춤(라인 댄스, 포크 댄스 등) : 정해진 순서를 따르는 것은 예측 가능성을 제공하고, 불안감을 감소시키는 데 도움이 될 수 있다. 또한 순서를 기억하고 수행하는 과정은 인지 기능을 활성화한다.
- 부드럽고 흐르는 듯한 춤(발레, 현대 무용 등) : 섬세하고 부드러운 움직임은 신체의 긴장을 완화하고 자기 수용감을 높이는 데 도움이 될 수 있다.
- 즉흥 춤 및 무용 치료 : 자신의 감정과 내면의 움직임에 집중하고 자유롭게 표현하는 것은 억압된 감정을 해소하고 자기 이해를 높이는 데 도움이 될 수 있다. 특히 무용 치료는 전문가의 지도하에 심리적인 어려움을 다루는 데 효과적일 수 있다.

바. 효과

- 신체 인식 및 이완 증진 : 춤을 통해 자신 몸의 움직임과 감각에 집중하면서 신체적인 긴장을 완화하고 이완을 촉진할 수 있다. 강박 사고는 종종 신체적인 불안과 긴장을 동반하기 때문에 신체 이완은 증상 완화에 도움이 될 수 있다.
- 정서 표현 및 해소 : 춤을 통해 억압된 감정이나 불안감을 비언어적으로 표현하고 발산함으로써 정서적인 해소를 경험할 수 있다.
- 자기 효능감 및 성취감 향상 : 새로운 춤 동작을 배우고 익히는 과정에서 성취감을 느끼고, 자신의 능력에 대한 믿음(자기 효능감)을 높일 수 있다. 이는 강박적인 생각에 압도당하는 느낌을 줄이는 데 도움이 될 수 있다.
- 규칙 준수 및 예측 가능성 경험 : 구조화된 춤(예 : 라인 댄스, 포크 댄스)은 정해진 순서와 규칙을 따르는 경험을 제공하며, 이는 강박 사고로 인해 불안감을 느끼는 사람들에게 안정감과 예측 가능성을 제공할 수 있다.
- 사회적 상호작용 및 지지 : 그룹으로 함께 춤을 추는 활동은 사회적 연결감을 증진시키고, 타인으로부터 지지받는 느낌을 받을 수 있도록 돕는다. 외로움과 고립감은 강박 증상을 악화시킬 수 있으므로 사회적 지지는 중요하다.

03 | 대화 단절

가. 정의

대화 단절은 말 그대로 마주 보고 이야기를 주고받는 거나 유대를 끊는 것을 말한다. 대화 단절은 부모와 자녀의 대화 단절, 친구와의 대화 단절, 형제자매 간의 대화 단절, 연인 간의 대화 단절, 부부간의 대화 단절이 있다. 여기서는 주로 부모와 자녀 간의 대화 단절을 의미한다.

부모들은 특히 청소년기의 자녀와의 대화가 단절되어 관계 형성에 고민하는 경우가 많다. 그리고 청소년기의 자녀와 대화가 중요하다고 생각은 하지만 막상 어떻게, 무엇에 대하여 대화를 해야 할지는 어려운 일로 느껴지는 경우가 많다.

나. 원인

부모가 수년간 자신의 의견을 자녀에게 일방적으로 전달하는 관계가 지속하였다면, 이는 부모 자녀 간의 대화 단절의 중요한 이유가 된다. 이런 경우, 부모와의 대화란 부모의 말을 일방적으로 듣는 것일 뿐이라는 고정관념이 자녀에게 생긴다. 그렇다 보니 막상 부모가 필요하다고 여겨 대화를 시도하려고 하면, 이미 반감이 생긴 자녀는 대화를 거부하거나 부모가 원하는 답을 건성으로 하며 그 시간만 모면하려고 한다.

늘어나는 인터넷 사용은 가족 간 대화나 유대를 촉진할 수 있으면서 동시에 그것을 단절시키는 요인이 되고 있다. 특히, 스마트폰 사용 시간이 늘어나면서 청소년 중에는 인터넷 중독이 날로 심각해지는 경우가 많아지고 있다. 거기다 자녀의 유학으로 기러기 아빠가 많아지고, 직장 때문에 주말 가족이 되는 경우도 늘어나다 보니 가족이 함께 모일 시간이 더욱더 줄어들면서 부모 자녀 간 대화 단절의 골이 더욱 깊어지는 경우도 많아지고 있다.

하지만, 이렇게 한 번 단절된 대화는 쉽게, 자연스럽게 다시 연결되기 힘들어진다. 부모가 대화를 시도해도 여전히 부모가 일방적으로 말하는 식이라면 자녀는 결국 이를 무시하게 된다. 따라서 대화는 효과가 없고, 서로 더 기분만 상하게 될 뿐이다.

다. 증상

부모와 자녀 간에 대화가 단절되어 대화를 오래 하지 않아서 자녀는 부모에 대해서 서먹해지거나, 부모들의 기대심리에 상처를 입게 된다.

라. 치료 방법

- 사교 댄스(왈츠, 탱고, 살사 등) : 파트너와 함께 호흡을 맞추고 리드-팔로우 관계를 통해 소통하는 경험은 비언어적 의사소통 능력을 향상시키고 친밀감을 증진시키는 데 매우 효과적이다.
- 포크 댄스 및 라인 댄스 : 간단한 규칙과 동작을 함께 배우고 수행하는 과정은 공동체 의식을 함양하고, 낯선 사람들과도 쉽게 어울리며 즐거운 분위기 속에서 자연스러운 대화를 나눌 수 있는 기회를 제공한다.
- 즉흥 춤 및 컨택트 임프로비제이션 : 정해진 틀 없이 자유롭게 움직이며 타인과의 움직임에 반응하는 경험은 비언어적 소통의 즉흥성과 유연성을 길러주고, 예측 불가능한 상황에서의 소통 능력을 향상시키는 데 도움이 될 수 있다.
- 무용 치료 : 전문가의 지도하에 움직임을 통해 감정을 표현하고 타인과 소통하는 경험은 내면의 어려움을 탐색하고 관계 형성에 대한 통찰력을 얻는 데

도움을 줄 수 있다.

바. 효과

- 비언어적 소통 능력 향상 : 춤은 몸짓, 표정, 움직임 등 다양한 비언어적 신호를 통해 감정과 의도를 전달하는 훌륭한 수단이다. 춤을 통해 이러한 비언어적 소통 능력을 키우고, 언어적인 소통이 어려울 때도 효과적으로 자신을 표현하고 타인을 이해하는 데 도움을 받을 수 있다.
- 신체적 접촉 및 교감 경험 : 파트너와 함께 춤을 추거나 그룹 활동을 하는 과정에서 자연스러운 신체적 접촉과 교감을 경험하게 된다. 이러한 경험은 타인과의 거리감을 줄이고 친밀감을 형성하는 데 긍정적인 영향을 미친다.
- 공감 능력 및 이해 증진 : 다른 사람의 움직임을 따라 하거나 함께 호흡을 맞추는 과정에서 타인의 감정과 리듬을 느끼고 공감하는 능력을 키울 수 있다. 이는 언어적 소통 시에도 상대방의 감정을 더 잘 이해하고 반응하는 데 도움이 된다.
- 자신감 및 자기 표현력 향상 : 춤을 통해 자신의 몸을 긍정적으로 인식하고 자유롭게 움직이는 경험은 자신감을 높여준다. 또한, 춤을 통해 내면의 감정과 생각을 표현하는 것은 자기 표현력을 향상시키고, 타인과의 소통에 대한 두려움을 줄이는 데 도움이 될 수 있다.
- 즐거움과 편안한 분위기 조성 : 함께 춤을 추는 활동은 즐겁고 편안한 분위기를 조성하여 어색함이나 긴장감을 완화하고 자연스러운 대화를 유도하는 데 도움이 될 수 있다.

04 | 우울증

가. 정의

　우울증은 기분이 깊게 가라앉거나 절망감·우울감 등, 마음의 고통이 나타나는 현상을 말한다. 우울증은 마음의 감기라고도 불릴 정도로 흔한 정신질환이다. 우울증에 걸리면 일상생활이 어려워지거나, 원활하지 못한 대인관계 등 여러 가지 문제를 야기할 수 있으며, 정신적인 증상만이 아니라 두통, 복통이나 위장 장애 등의 신체적 증상으로 나타나는 경우가 많다. 현대인에게 가장 많이 나타나는 증상이기도 하며, 특히 코로나 사태로 인하여 격리가 장기화하면서 우울증 환자가 많이 증가하였다.

나. 원인

　우울증의 분명한 원인에 대해서는 아직 명확하지 않으나 다른 정신 질환과 같이 다양한 생물학적, 가정적, 환경적 요인이 우울증을 일으킬 수 있다고 알려져 있다.

　1) 생물학적 요인 : 세로토닌이라는 신경전달 물질의 저하로 뇌 안의 감정 등의 뇌 기능이 제대로 역할을 하지 못하거나 호르몬의 불균형으로 발생한다.

　2) 가정적 요인 : 우울증은 유전되는 질환은 아니나 우울증을 앓는 가족 내에서 우울증이 더 잘 발생하는 것으로 보고하고 있다.

　3) 환경적 요인 : 환경적 요인은 자신을 둘러싸고 있는 환경에 영향을 받아 생기는 것으로 예를 들면 대처하기 어려운 상황이 발생할 때, 사랑하는 사람을 잃었을 때, 경제적으로 어려워졌을 때, 강한 스트레스 등을 예로

들 수 있다.

노인 우울증은 크게 다음 세 가지 원인으로 나타난다.

첫째, 뇌의 노화로 인한 경우이다. 노화가 진행되면, 뇌 자체도 노화하는데, 이때 뇌의 신경전달물질 일부에 양적 변화 혹은 부조화가 나타나면서 부신피질, 갑상선, 하수체 등에서 분비되는 호르몬으로 인해 우울 상태가 유발되기 쉽다는 보고가 있다.

둘째, 노년이 되면 노화로 인한 성격 변화가 생기고, 그로 인해 스트레스 대응력이 약해지면서 우울증이 나타나기 쉽다.

셋째, 사회적 상실은 누구에게나 어려운 경험이지만 특히 노인의 경우는 그 정도가 크고 아무리 해도 대처할 수 없다는 생각에 이르면 우울증이 생기게 된다.

다. 증상

우울증은 다양한 증상으로 나타나기 때문에 우울증이라고 정확하게 진단하지 못하고 지나치기 쉬운 경우가 많아, 증상이 심해져서야 우울증으로 판명되는 경우도 많다. 우울증을 진단하기 쉽지 않은 이유가 본인이 우울증에 걸렸다는 걸 깨닫지 못할 뿐만 아니라, 가벼운 우울증은 무시하기 때문이다. 그러나 심한 경우 자살과 같은 심각한 결과에 이를 수 있는 정신질환이기 때문에 반드시 치료해야 하는 정신질환이다.

우울증은 젊은 사람들에게도 문제지만 노인들에게는 더 큰 문제가 된다. 노인 우울증은 65세 이상 인구의 10명 중 1명이 걸릴 수 있으며 노년기의 정신건강과 관련된 가장 흔한 장애다.

라. 진단

우울증은 우울증 검사로 진단할 수 있다. 우울증 검사는 자신이 가지고 있는 우울감의 상태를 객관적으로 평가해보는 심리검사를 말한다. 우울증 검사를 하는 목적은 우울증의 원인을 찾아서 자존감을 높이기 위한 준거점을 찾기 위한 것이므로 되도록 객관적으로 평가를 해야 한다.

마. 치료 방법

- 활기차고 리듬감 있는 춤(힙합, 살사, 스윙 등) : 신나는 음악과 역동적인 움직임은 긍정적인 에너지를 불어넣고 기분을 고양시키는 데 도움이 될 수 있다.
- 부드럽고 흐르는 듯한 춤(발레, 현대 무용 등) : 섬세하고 우아한 움직임은 내면의 긴장을 완화하고 감정을 부드럽게 표현하는 데 도움이 될 수 있다.
- 즉흥 춤 및 무용 치료 : 자신의 감정과 내면의 움직임에 집중하고 자유롭게 표현하는 것은 억압된 감정을 해소하고 자기 이해를 높이는 데 도움이 될 수 있다. 특히 무용 치료는 전문가의 지도하에 심리적인 어려움을 다루는 데 효과적일 수 있다.
- 그룹 댄스(라인 댄스, 포크 댄스 등) : 간단한 동작을 함께 배우고 수행하는 과정은 공동체 의식을 느끼게 하고, 부담 없이 사회적 교류를 할 수 있는 기회를 제공한다.

바. 효과

- 기분 전환 및 긍정적 정서 증진 : 신나는 음악에 맞춰 몸을 움직이는 것은 자연스럽게 즐거움을 느끼게 하고, 뇌에서 엔도르핀 분비를 촉진

하여 기분을 개선하는 데 도움을 줄 수 있다.
- 스트레스 및 불안 감소 : 춤에 집중하는 동안 우울한 생각에서 벗어나 일시적으로 주의를 전환하고, 신체적인 움직임은 스트레스 호르몬 수치를 낮추는 효과가 있다.
- 에너지 수준 향상 : 규칙적인 춤 활동은 신체적인 활력을 증진시키고, 무기력감을 감소시키는 데 도움을 줄 수 있다.
- 자기 효능감 및 성취감 향상 : 새로운 춤 동작을 배우고 익히는 과정에서 성취감을 느끼고, 자신의 능력에 대한 믿음(자기 효능감)을 높일 수 있다. 이는 우울감으로 인한 무력감을 극복하는 데 도움이 될 수 있다.
- 신체 이미지 개선 및 자존감 향상 : 춤을 통해 자신의 몸을 긍정적으로 인식하고 움직임에 대한 자신감을 얻으면서 자존감을 향상시킬 수 있다.
- 사회적 연결 및 지지 : 그룹으로 함께 춤을 추는 활동은 외로움과 고립감을 줄이고, 타인과의 유대감을 형성하며 사회적 지지를 얻는 데 도움이 될 수 있다.
- 정서 표현 및 해소 : 말로 표현하기 어려운 감정들을 춤을 통해 비언어적으로 표현하고 발산함으로써 정서적인 해소를 경험할 수 있다.

05 | 사회성 부족

가. 정의

사회성 부족은 타인과 효과적으로 상호작용하고 관계를 형성하며 유지하는 데 어려움을 겪는 상태를 의미한다. 이는 언어적 및 비언어적 의사소통 기술의 부족, 사회적 단서(social cues)에 대한 이해 부족, 공감 능력 부족, 적절한 사회적 행동 방식 습득의 어려움 등으로 나타날 수 있다. 사회성 부족은 단순히 내성적이거나 수줍음이 많은 성격과는 다르다. 사회성 부족은 사회적 상황에서 불편함, 불안감, 소외감을 느끼게 하며, 심한 경우 사회생활에 심각한 지장을 초래할 수 있다.

나. 원인

사회성 부족의 원인은 다양하며, 단일 원인보다는 여러 요인이 복합적으로 작용하는 경우가 많다.

1) 발달적 요인

- 자폐 스펙트럼 장애(Autism Spectrum Disorder, ASD) : 사회적 상호작용 및 의사소통에 어려움을 보이는 주요 특징 중 하나다.
- 주의력결핍 과잉행동장애(Attention-Deficit/Hyperactivity Disorder, ADHD) : 충동성, 부주의함 등이 사회적 상황에서 부적절한 행동으로 이어져 사회성 발달에 영향을 미칠 수 있다.
- 비언어성 학습 장애(Nonverbal Learning Disability, NVLD) : 비언어적 단서 이해에 어려움을 보여 사회적 상호작용에 어려움을 겪을 수 있다.

- 사회적 의사소통 장애(Social Communication Disorder, SCD) : 언어 능력은 정상이지만 사회적 의사소통에 특정한 어려움을 보이는 경우이다.

2) 환경적 요인
- 사회화 기회 부족 : 어릴 때 또래와의 상호작용 기회가 부족하거나, 사회적 경험이 제한적인 환경에서 성장한 경우 사회성 발달이 더딜 수 있다.
- 부정적인 사회적 경험 : 따돌림, 괴롭힘, 사회적 거부 등 부정적인 사회적 경험은 사회적 상황에 대한 불안감을 높이고 회피적인 태도를 유발하여 사회성 발달에 악영향을 미칠 수 있다.
- 부모의 양육 방식 : 과잉보호, 무관심, 일관성 없는 양육 방식 등은 아동의 사회성 발달에 부정적인 영향을 미칠 수 있다.
- 가정 환경의 문제 : 불안정한 가정 환경, 가족 간의 갈등 등은 아동의 정서적 안정감을 저해하여 사회성 발달에 어려움을 초래할 수 있다.

3) 심리적 요인
- 사회 불안 장애(Social Anxiety Disorder) : 사회적 상황에 대한 강한 불안과 두려움으로 인해 사회적 상호작용을 회피하게 되어 사회성 발달을 저해할 수 있다.
- 낮은 자존감 : 자신에 대한 부정적인 인식은 사회적 상황에서의 자신감을 떨어뜨리고 소극적인 태도를 유발하여 사회성 발달에 어려움을 초래할 수 있다.
- 우울증 : 우울감, 흥미 상실 등은 사회적 활동 참여 의욕을 저하시키고 사회적 고립을 심화시켜 사회성 부족을 악화시킬 수 있다.

4) 기타 요인
- 특정 관심사 : 지나치게 몰두하는 특정 관심사로 인해 또래와의 공통 관심사를 찾기 어렵고 사회적 교류가 제한될 수 있다.
- 신체적 특징 : 외모, 신체적 능력 등에 대한 부정적인 인식은 사회적 불안감을 높이고 사회적 상호작용을 위축시킬 수 있다.

사회성 부족은 개인의 삶의 질에 부정적인 영향을 미칠 수 있으며, 학업, 직업, 대인관계 등 다양한 영역에서 어려움을 야기할 수 있다. 따라서 사회성 부족의 원인을 정확히 파악하고 개인에게 맞는 적절한 개입과 지원이 필요한다.

다. 증상

- 대화 시작 및 유지의 어려움 : 대화를 시작하는 방법, 주제를 이끌어가는 방법, 적절한 시점에 대화를 마무리하는 것 등을 어려워한다.
- 비언어적 소통 이해의 어려움 : 표정, 몸짓, 목소리 톤 등 비언어적 단서를 제대로 이해하지 못하거나, 자신의 비언어적 표현이 부적절할 수 있다.
- 공감 능력 부족 : 타인의 감정을 이해하고 공감하는 능력이 부족하여 적절한 반응을 보이기 어려워한다.
- 사회적 규칙 및 규범 이해 부족 : 상황에 맞는 적절한 행동 방식을 이해하지 못하거나, 사회적 맥락을 파악하는 데 어려움을 겪는다.
- 관계 형성 및 유지의 어려움 : 친구를 사귀거나 기존의 관계를 유지하는 데 어려움을 느껴 고립감을 느낄 수 있다.
- 자기 주장 능력 부족 : 자신의 생각이나 감정을 적절하게 표현하지 못하고 타인에게 쉽게 휘둘릴 수 있다.

- 갈등 해결 능력 부족 : 사회적 갈등 상황에서 적절하게 대처하지 못하고 회피하거나 극단적인 반응을 보일 수 있다.

다. 진단

사회성 부족은 대인관계 검사나 사회성 검사로 진단할 수 있다. 사회성 부족에 대한 진단은 검사지를 통해서 할 수도 있지만 다른 사람들과의 무용 치료를 진행하다 보면 나타나게 된다. 유난히 소란스럽거나 동료들과 어울리지 못하면 사회성이 부족한 것으로 판단할 수 있다.

라. 치료 방법

- 파트너와 함께 하는 춤 : 사교 댄스(왈츠, 탱고, 살사 등)는 파트너와의 호흡과 리드-팔로우를 통해 비언어적 소통 능력을 키우고, 신체적 친밀감을 경험하며, 협동심을 증진시키는 데 효과적이다.
- 그룹으로 함께 하는 춤 : 라인 댄스나 포크 댄스처럼 여러 사람이 함께 정해진 동작을 수행하는 춤은 공동체 의식을 느끼게 하고, 낯선 사람들과도 쉽게 어울리며 즐거운 분위기 속에서 자연스러운 교류를 가능하게 한다.
- 즉흥 춤 : 정해진 틀 없이 자신의 감정과 움직임에 집중하는 즉흥 춤은 자기 표현력을 향상시키고, 타인의 시선에 대한 부담감을 줄이며, 내면의 자유로움을 느끼게 해 사회적 불안감을 완화하는 데 도움이 될 수 있다.
- 무용 치료 : 전문가의 지도하에 움직임을 통해 감정을 표현하고 타인과 소통하는 무용 치료는 심리적인 어려움을 탐색하고 관계 형성에 대한 통찰력을 얻도록 돕는다.

바. 효과

- 비언어적 의사소통 능력 향상 : 춤은 신체 언어에 크게 의존하므로, 춤을 배우고 연습하는 과정에서 사회적 상호작용의 중요한 부분인 비언어적 신호를 더 잘 이해하고 사용하는 능력이 향상된다.
- 자신감 증진 : 춤 동작을 익히고 다른 사람들과 함께 춤을 추는 경험은 자존감을 높이고 사회적 불안감을 감소시키는 데 도움이 될 수 있다.
- 공감 능력 향상 : 파트너와 함께 춤을 추는 것은 타인의 움직임과 의도에 민감하게 반응하도록 훈련시켜 공감 능력을 키워준다.
- 협동심 및 팀워크 발달 : 그룹 댄스는 공동의 목표를 위해 다른 사람들과 협력하는 방법을 배우게 한다.
- 사회적 고립감 감소 : 춤 수업이나 소셜 댄스 모임은 공통의 관심사를 가진 사람들을 만날 수 있는 기회를 제공하여 사회적 연결을 촉진하고 고립감을 줄이다.
- 즐겁고 편안한 사회화 방식 : 춤은 대화에 대한 직접적인 압박감 없이 즐겁게 사회적으로 교류할 수 있는 기회를 제공하여 사회성이 부족한 사람들에게 더 편안한 환경을 제공한다.

06 | 스트레스

가. 정의

스트레스는 평상시와 다르게 신체적 심리적으로 해로운 인자나 자극을 받는 현상을 말한다. 우리 옛말에 "기가 막혀 죽겠네"라는 말이 있다. 이 말은 바로 스트레스를 받아서 죽겠다는 말과 같은 의미이다. 실제로 스트레스를 받게 되면 맥이 꽉 막혀 소화도 잘 안되고 두통도 생기며 가슴이 답답해지고 머리에 혈압이 올라 뇌졸중으로 사망하기도 한다. 결국 스트레스를 받으면 기가 막히고 죽음에 이르게 된다는 말이다.

나. 원인

현대인들에게 스트레스가 일으키는 실제적인 신체적인 반응은 면역계, 내분비계, 심혈관계에 나쁜 영향을 미쳐 질병을 발병시키고, 노화를 촉진한다. 그리고 만성 스트레스는 암, 심장병, 뇌졸중, 위염, 위궤양의 위험인자인 동시에 심근경색으로 인한 돌연사의 원인이 되기도 한다. 또한 회사에서 업무가 과중하거나 상급자와의 갈등이 증가할수록 스트레스가 증가한다는 연구 결과도 있다.

경제적으로 어려워져 먹고 살아갈 생각으로 스트레스를 받기도 하고, 약속 시간은 다 와 가는데 막히는 차 안에 있을 때도 엄청난 스트레스를 받으며, 시험을 잘 보아야 한다는 강박관념 등이 스트레스가 되기도 한다. 그러나 엄밀하게 보면 이들은 단지 스트레스를 일으킬 수 있는 유발인자이며, 스트레스란 이런 요인에 의해 일어나는 실제적인 신체의 반응을 말한다.

다. 진단

스트레스는 스트레스 검사로 진단할 수 있다.

라. 치료 방법

- 자유로운 춤(Free Dance) : 정해진 동작 없이 자신의 감정과 몸이 이끄는 대로 움직이는 춤은 억압된 감정을 자유롭게 표현하고 스트레스를 해소하는 데 탁월하다.
- 신나는 리듬의 춤(힙합, K-Pop, 라틴 댄스 등) : 빠르고 활기찬 음악에 맞춰 춤을 추는 것은 에너지를 발산하고 긍정적인 기분을 증진시키는 데 효과적이다.
- 명상적인 춤(요가 댄스, 컨템포러리 댄스 등) : 부드럽고 흐르는 듯한 움직임과 호흡에 집중하는 춤은 심신을 안정시키고 내면의 평화를 찾는 데 도움을 준다.
- 사교 댄스(왈츠, 탱고, 살사 등) : 파트너와 함께 호흡을 맞추고 움직이는 춤은 사회적 교류를 통해 스트레스를 해소하고 유대감을 형성하는 데 도움이 된다.
- 무용 치료 : 전문가의 지도하에 움직임을 통해 심리적, 정서적 어려움을 다루는 치료법으로, 스트레스 관리 및 해소에 효과적이다.

마. 효과

- 신체적 이완 : 춤을 추는 동안 근육의 긴장이 풀리고 신체가 이완된다.
- 정서적 안정 : 음악과 움직임은 불안감을 감소시키고 긍정적인 감정을 증진시킨다.
- 주의 전환 : 춤에 집중함으로써 스트레스 요인으로부터 벗어날 수 있다.
- 자기 효능감 증진 : 춤 동작을 배우고 숙달하는 과정에서 성취감을 느끼고

자신감이 향상된다.

- 사회적 지지 : 그룹 댄스 활동은 타인과의 교류를 통해 사회적 지지감을 얻게 해준다.

07 | 자존감

가. 정의

자존감이란 자신을 사랑하고 가치 있게 느끼며 자기 자신에 대하여 유능하고 능력 있는 존재로 여기는 생각이라고 정의할 수 있다. 따라서 자존감을 느끼게 되면 자신에 대해서 긍정적인 감정을 갖기 때문에 외부의 인정에 상관없이 자신뿐만 아니라 타자에 대해서도 긍정적으로 보게 된다.

행복의 조건으로 부, 명예, 권력, 존경, 가족, 친구, 사랑, 도전, 무용, 쾌락, 식도락, 건강, 잠, 만족, 봉사, 공유 등으로 거론된다. 그러나 이러한 행복의 조건이 충족되어도 자신이 만족하지 못하면 꼭 행복하다고 할 수 없다. 행복은 사람마다 자신이 가지고 있는 가치관에 만족하는 삶을 살 때 흐뭇하게 느끼는 것이 행복이기 때문이다. 어떤 행복의 조건이 충족되어도 스스로 심리적인 자존감을 느끼지 못한다면 행복하다고 할 수 없다. 따라서 자신이 스스로 자신의 가치를 인정하고 능력 있는 존재라고 보는 자존감이 있다면 굳이 행복의 조건이 충족되지 않아도 행복한 삶을 살 수 있게 된다.

나. 원인

자존감이 낮아지는 원인은 의외로 복잡할 것 같지만 간단 한데서부터 시작한다. 자존감이 떨어지게 하는 원인은 외부적인 요인과 내부적인 요인으로 나누어 볼 수 있다. 그런데 자존감을 떨어지게 하는 요인은 외부 요인이 많을 것 같지만 실제로는 내부 요인이 더 많이 작용한다.

외부의 자극보다는 자기 스스로 자신에 대해 부정적으로 생각하거나,

불행한 운명이라고 믿는다. 그리고 이런 생각에 따라 실제로 안 좋은 일이 일어나는 방향으로 자신을 몰고 가기 때문에 자존감이 떨어지는 경우가 많다.

자존감은 자신에 대한 가치 평가로서 그 삶이 자신을 대하는 자세에서 비롯되기 때문에 결국 가장 중요한 요인은 자신을 어떻게 생각하면서 사느냐가 문제이다. 사람은 자신을 바라보는 기대에 따라 자신을 몰고 가기 때문에 자기가 생각하는 자기 모습에서 현실이 되기도 한다. 그리하여 낮은 자존감을 느끼게 되면 불행한 운명이 되기 쉽다.

예를 들면 취업을 준비하는 사람이 '나는 외모 때문에 합격하기 힘들 거야'라는 생각을 가지면 우선 자신감이 낮아져 면접에서 위축되어 떨어지기 쉽다. 떨어지게 되면 '역시 나는 안 돼'라는 생각을 하고 살기 때문에 하는 일이 조금만 안 되어도 무조건 모든 것이 자신의 불행한 운명 탓이라 여기는 악순환이 되는 것이다.

다. 증상

- 자신의 실수를 받아들이지 못하고 심한 자책감에 빠진다.
- 남들은 관심도 없는 자신만이 알고 있는 약점을 남들에게 노출되지 않게 하려고 고민하게 된다.
- 다른 사람에 비하여 자기의 능력이 뒤떨어졌다거나 부족하다고 스스로 평가 절하를 한다.
- 합리적이거나 이성적인 사고가 불가능해지면서 불안 심리를 동반한 이상행동을 보이게 된다.
- 자기에게는 능력이 없다고 생각하는 만성적인 감정인 열등감을 느낀다.
- 별일 아닌데도 쉽게 포기하게 된다.

- 자신의 가치를 한없이 낮게 평가하게 되어 우울증에 빠지게 된다.
- 항상 경쟁에서 자기는 실패할 거라는 생각에 사로잡혀 일상생활을 패배와 실패로 이끈다.
- 경우에 따라서 죄책감을 심하게 느끼기도 한다.
- 평소에 하지 않던 자신에 대한 허풍이나 과장을 하게 된다.
- 남을 비판하고 자기합리화를 한다.
- 자신이 불쌍하면서도 밉고 싫어진다.
- 수줍음과 소심함을 느끼기도 한다.
- 상황에 어떻게 대처해야 할지 몰라 절망에 빠지게 된다.
- 자신이 한없이 초라해지고, 자신에 대한 분노를 느끼게 된다.
- 육체적으로도 가슴이 두근거리는 스트레스를 받게 된다.
- 좌절이 심해지면 급격하게 무기력해지면서 피로감을 느끼게 된다.
- 부정적인 생각이 가득해지면 온몸이 아프다.
- 사람들을 기피하면서 대인관계를 파괴하고 결국 깊은 함정으로 자신을 몰아가게 된다.
- 자존감이 심각하게 훼손되면 남을 폭행을 하기도 한다.
- 심한 좌절은 약물이나 흡연과 같은 중독을 가져온다.
- 심하면 자살하는 극단적인 선택을 하게도 한다.

라. 진단

자존감은 자존감 검사로 진단할 수 있다.

마. 치료 방법

- 성취감을 주는 춤(테크니컬한 춤 : 발레, 현대 무용, 재즈 댄스 등) :

섬세한 기술과 연습을 요하는 춤은 동작을 익히고 발전시켜나가는 과정에서 뚜렷한 성취감을 느끼게 해준다.
- 자기 표현을 극대화하는 춤(즉흥 춤, 컨템포러리 댄스, 힙합 프리스타일 등) : 정해진 틀 없이 자신의 감정과 개성을 자유롭게 표현하는 춤은 내면의 목소리를 밖으로 표출하고 자신감을 갖게 해준다.
- 자신의 신체를 긍정적으로 인식하게 하는 춤(벨리 댄스, 라틴 댄스 등) : 특정 신체 부위를 강조하거나 아름다움을 드러내는 춤은 자신의 몸에 대한 긍정적인 인식을 심어주고 신체 이미지를 개선하는 데 도움을 줄 수 있다.
- 사회적 연결감을 주는 춤(사교 댄스, 라인 댄스, 포크 댄스 등) : 파트너와 함께 호흡을 맞추거나 그룹으로 함께 춤을 추는 경험은 소속감을 느끼게 하고 타인과의 긍정적인 관계를 형성하는 데 기여한다.

바. 효과

- 신체적 자신감 향상 : 자신의 몸을 능숙하게 움직이고 조절하는 경험은 신체적인 자신감을 높여준다.
- 능력감 증진 : 새로운 동작을 배우고 익히는 과정에서 자신의 능력에 대한 믿음이 강화된다.
- 자기 수용 증진 : 춤을 통해 자신의 감정과 개성을 표현하는 과정에서 자기 수용적인 태도를 갖게 된다.
- 긍정적 자아 인식 형성 : 춤을 통해 얻는 긍정적인 경험들은 전반적인 자아 인식을 긍정적으로 변화시키는 데 기여한다.
- 사회적 소속감 증진 : 함께 춤을 추는 공동체 안에서 소속감을 느끼고 긍정적인 사회적 관계를 경험하게 된다.

8 | 자폐증

가. 정의

자폐증(Autism Spectrum Disorder, ASD)은 타인과의 관계를 형성하지 못하는 증상이다. 대인관계에 필요한 눈 맞춤, 얼굴 표정, 몸짓 등이 매우 다르다 보니, 친밀한 대인관계를 형성하지 못하게 된다. 톰 행크스가 주연한 영화 레인맨은 자폐증을 대중에게 널리 알리는 역할을 하기도 했다. 영화의 주인공은 기억력은 좋은데 같은 행동을 반복하고, 상상력이 부족하며, 자아 도취에 빠져있는 것으로 묘사되고 있다.

실제로는 자폐증이 심한 경우를 제외하고 대부분의 자폐 아동은 신체 발달이나 외모에서는 정상아와 별 차이가 없다. 다만, 원하는 활동이나 관심이 제한되어 있다 보니, 다른 사람들과 잘 어울리지 못한다.

자폐증 발병률은 10,000명 중 2~4명 정도이나, 자폐증 증상을 보이는 경우는 10,000명 중 10~20명으로 보고되고 있다. 남녀 간 비율은 남자 : 여자 = 3~5 : 1 정도로 남자가 훨씬 많다. 자폐증은 대개 3세 이전에 발견된다.

나. 원인

원인으로 부모의 무관심이나 냉담한 태도 등 정신 사회적 측면이 주장되었으나, 심층적인 연구를 통해 현재는 이런 주장이 받아들여지지 않고 있다. 그 외에도 원인에 대해 여러 가지 주장이 있으나 아직 절대적인 원인으로 판명된 것은 없고, 여러 가지 요인들이 중복되어 생긴 장애로 생각되고 있다.

다. 증상

자폐는 대개 3세 이전에 증상이 나타난다. 주요 증상으로는 상호작용(대인관계) 장애, 언어 및 의사소통의 장애, 상동·반복적인 행동 등이다. 대개의 부모는 아이가 늦된다고 생각하다가 어린이집이나 유치원에 들어갈 즈음에 문제의 심각함을 느끼고 병원을 방문하는 경우가 흔하다.

자폐는 일찍 발견될수록 치료가 쉽다. 또한 부부가 상호 협조적으로 문제를 공동 인식할 때 장애아동의 발달을 돕는 효과가 크다.

라. 진단

자폐 스펙트럼 장애(ASD)의 진단은 특정 생물학적 검사로 이루어지는 것이 아니라, 행동 관찰, 발달 이력 평가, 그리고 표준화된 진단 도구를 종합적으로 활용하여 이루어진다.

마. 치료 방법

- 구조화된 움직임 및 반복적인 동작 : ASD를 가진 사람들은 종종 예측 가능하고 구조화된 활동에서 안정감을 느낀다. 따라서 명확한 순서와 반복적인 동작을 포함하는 춤 스타일(예 : 라인 댄스, 특정 포크 댄스)은 참여자의 예측 가능성을 높이고 불안감을 줄이는 데 도움이 될 수 있다.
- 리듬 기반 활동 : 음악의 리듬과 박자에 맞춰 움직이는 것은 주의 집중력을 향상시키고 신체 조절 능력을 발달시키는 데 도움이 될 수 있다. 힙합, 탭 댄스와 같이 명확한 비트를 가진 춤은 리듬감을 키우고 충동성을 조절하는 데 도움이 될 수 있다.

- 감각 통합 활동 : 다양한 질감의 소품(스카프, 공 등)을 사용하거나 특정 유형의 움직임(흔들기, 회전 등)을 포함하는 춤은 감각 처리 문제를 가진 ASD 아동 및 성인에게 도움이 될 수 있다.
- 사회적 상호작용을 촉진하는 춤 : 파트너와 함께 하는 춤(사교 댄스)이나 그룹 댄스는 사회적 기술을 배우고 연습할 수 있는 기회를 제공한다. 처음에는 평행으로 움직이거나 간단한 따라 하기 동작부터 시작하여 점차 상호작용의 수준을 높일 수 있다.
- 자기 표현 및 감정 인식 : 즉흥 춤이나 감정을 표현하는 움직임에 초점을 맞춘 활동은 자신의 내면 감정을 탐색하고 표현하는 안전한 방법을 제공할 수 있다.

바. 효과

- 의사소통 증진 : 비언어적 의사소통 기술(몸짓, 표정 등) 발달을 돕고, 때로는 언어적 의사소통을 보완하는 역할을 한다.
- 사회성 향상 : 또래와의 상호작용 기회를 제공하고, 사회적 규칙과 협력의 중요성을 배우도록 돕는다.
- 감각 처리 능력 향상 : 다양한 움직임과 감각적 경험을 통해 감각 정보 통합 능력을 향상시킬 수 있다.
- 운동 능력 및 신체 인식 발달 : 균형 감각, 협응력, 운동 계획 능력 등 기본적인 운동 기술을 향상시키고 자신의 신체를 더 잘 인식하도록 돕는다.
- 정서 조절 능력 향상 : 움직임을 통해 감정을 표현하고 발산하는 방법을 배우고, 스트레스와 불안을 관리하는 데 도움을 줄 수 있다.
- 자신감 및 자존감 향상 : 새로운 기술을 배우고 성취감을 느끼면서 자신감을 얻고 긍정적인 자아 이미지를 형성하는 데 기여한다.

9 | 정서불안

가. 정의
 정서 불안 아동은 하찮은 일도 심각하게 여겨 강한 정서적 반응을 보이거나 민감하게 밖으로 표출하는 경향이 있다. 정서 기복이 순간적이다. 어른보다 아동은 거리낌 없이 솔직히 정서를 표현한다. 하지만, 어떤 시기에 매우 강하게 나타났던 정서가 성장하면서 점점 약화하는 경우가 있고, 약했던 것이 반대로 점차 강한 행동으로 나타나는 등 정서 파악을 하기가 쉽다.

나. 원인
 신체적, 인지적, 성적인 변화 등이 급격히 나타날 때, 정서불안이 생긴다. 또한 아동을 일찍 떼어놓는 등, 주 양육자의 부재, 부모 사랑이 부족한 경우에 생긴다.

다. 증상
 정서불안 상태에 놓이면 잘 놀라게 되고 정신집중이 잘되지 않아 결국 학습 장애도 겪게 될 수 있다. 지적 능력, 지적 활동 모두에 영향을 미쳐 성취도가 떨어지고 소극적으로 변하게 된다.
 정서적으로 안정되어 있거나 적절한 긴장 상태에서는 운동기능이 정상적이다가 긴장되고 혼란한 상태가 되면 바로 부산해지거나 둔해져서 말을 더듬기도 하고, 서툴고 이상한 행동을 하게 되는 등, 운동신경의 둔화도 나타난다.
 이런 아동은 자신과 타인에게 부정적이며, 타인을 당황하게 만드는 행동

유형을 보이면서도 분위기 파악을 하지 못하여 타인으로부터 배척되는 경우가 많다. 그로 인해 우울해지게 되며 결국 원만한 또래 관계를 형성하지 못하게 되어 학교생활에도 어려움이 생긴다.

심지어는 남과 비교하면서 스스로 열등감에 빠지기도 하며, 감수성이 풍부해지거나 예민해져서 부모에게 반항하거나 부모를 불신하기 쉽다.

라. 진단

표준화된 설문지나 검사 도구를 사용하여 환자의 불안, 우울, 스트레스 수준, 성격 특성 등을 객관적으로 평가한다. 흔히 사용되는 심리 검사 도구는 다음과 같다.

- 불안 척도 : Beck 불안 척도(BAI), Hamilton 불안 척도(HAM-A) 등
- 우울 척도 : Beck 우울 척도(BDI), Hamilton 우울 척도(HAM-D) 등
- 종합적인 정신 병리 평가 : MMPI(다면적 인성 검사) 등

마. 치료 방법

- 자유로운 춤(Free Movement/Improvisation) : 정해진 동작 없이 자신의 감정과 몸이 이끄는 대로 움직이는 춤은 억압된 감정을 안전하게 표현하고 발산하는 데 매우 효과적이다. 불안, 분노, 슬픔 등 다양한 감정을 움직임으로 표현하면서 정서적인 해방감을 경험할 수 있다.
- 부드럽고 리듬감 있는 춤(발레, 현대 무용, 힐링 댄스) : 섬세하고 유연한 움직임과 잔잔한 음악에 맞춰 춤을 추는 것은 심신을 안정시키고 편안한 상태를 유도하는 데 도움이 된다. 호흡에 집중하며 움직이는 것은 불안감을 낮추고 마음의 평화를 가져다준다.
- 신나는 리듬의 춤(살사, 스윙, 힙합) : 활기찬 음악과 역동적인 움직임은 에너

지를 발산하고 긍정적인 기분을 고조시켜 불안감을 일시적으로 잊게 하고 활력을 불어넣는다.
- 접촉을 통한 안정감을 주는 춤(컨택트 임프로비제이션) : 파트너와의 신체적 접촉과 움직임에 집중하는 춤은 신뢰감과 안정감을 느끼게 하고, 고립감과 불안감을 줄이는 데 도움이 될 수 있다.
- 무용 치료 : 숙련된 무용 치료사는 움직임을 매개로 개인의 정서적 어려움을 탐색하고 해결하도록 돕는다. 불안의 근원을 파악하고 건강하게 대처하는 방법을 배우는 데 효과적이다.

바. 효과

- 신체적 긴장 완화 : 움직임을 통해 근육의 긴장을 풀고 신체를 이완시켜 불안의 신체적 증상을 줄이다.
- 정서 조절 능력 향상 : 다양한 움직임과 음악을 통해 감정을 표현하고 조절하는 방법을 배우게 된다.
- 주의 전환 효과 : 춤에 집중하는 동안 불안한 생각에서 벗어나 현재에 집중하는 연습을 할 수 있다.
- 자기 효능감 증진 : 새로운 동작을 배우고 숙달하는 과정에서 성취감을 느끼고 자신감을 얻게 된다.
- 긍정적인 기분 증진 : 춤을 추는 동안 뇌에서 긍정적인 감정과 관련된 신경전달물질이 분비되어 기분이 좋아진다.

10 | 학습 부진

가. 정의
　학습 부진은 신경학적인 결함은 없지만, 지적 능력보다 학습 능력 즉 성적이 낮게 나오는 것을 말한다. 대개의 학습 부진 아동은 '지능은 높지만 각 교과가 요구하는 최소한의 학업성취 수준에 미달 되는 자'로 정의한다.

나. 원인
　적성에 맞지 않는 공부, 집중력 저하, 가정환경 문제, 장기간 학습 공백으로 학습 진도를 따라가지 못하는 경우, 건강 문제 등으로 인해 발생되는 것이 대부분이다.

다. 증상
　학습 부진 아동은 일반 아동에 비해 주의가 산만하여 한 가지 일에 집중하는 것이 힘들다. 학업에 대한 흥미가 없어 학습 의욕이 저하되고 산만한 행동이 나타난다. 따라서 우선 진단을 통해서 학습 부진의 원인을 파악하고 보충수업, 즉 나머지 공부를 하는 경우가 있는데 부모들은 부진아로 낙인되는 것을 두려워 거부하는 것을 볼 수 있다. 학습 부진 학생과 부모들의 거부감을 최소한으로 줄이기 위해 독특한 지도 방법을 찾아야 한다.

라. 치료 방법
- 리듬 기반 춤(힙합, 탭댄스 등) : 명확한 리듬과 박자에 맞춰 움직이는 것은

시간 개념, 순서 기억력, 청각 처리 능력 향상에 도움을 줄 수 있다. 이는 언어 학습, 수학적 개념 이해 등 학습의 기초 능력 발달에 긍정적인 영향을 미친다.
- 구조화된 춤(라인 댄스, 포크 댄스 등) : 정해진 순서와 규칙에 따라 움직이는 것은 지시를 따르는 능력, 공간 지각 능력, 문제 해결 능력 향상에 도움을 줄 수 있다. 이는 학습 과제 수행 능력 향상으로 이어질 수 있다.
- 협동적인 춤(사교 댄스, 파트너 댄스 등) : 파트너와 함께 호흡을 맞추고 움직이는 것은 비언어적 의사소통 능력, 협동심, 배려심 향상에 도움을 줄 수 있다. 이는 그룹 학습 상황에서의 적응력 향상에 기여할 수 있다.
- 신체 인식 및 조절 능력을 향상시키는 춤(발레, 현대 무용 등) : 섬세한 움직임과 균형 감각을 요구하는 춤은 신체 인식 능력, 운동 협응력, 집중력 향상에 도움을 줄 수 있다. 이는 학습에 필요한 기본적인 신체적 준비성을 높여준다.
- 즐거움과 동기 부여를 유발하는 춤 : 어떤 종류의 춤이든 즐겁게 참여하는 경험은 스트레스를 해소하고 긍정적인 감정을 증진시켜 학습에 대한 동기 부여를 높이는 데 중요한 역할을 한다.

바. 효과
- 뇌 기능 활성화 : 춤은 신체의 다양한 부위를 사용하고 새로운 움직임을 익히는 과정에서 뇌의 여러 영역을 활성화시켜 인지 능력 향상에 기여할 수 있다.
- 정서적 안정감 증진 : 춤을 통해 스트레스를 해소하고 긍정적인 감정을 경험하는 것은 학습에 대한 불안감을 줄이고 편안한 학습 환경을 조성하는 데 도움이 된다.
- 신체 건강 증진 : 규칙적인 춤 활동은 전반적인 신체 건강을 증진시켜 학습에

필요한 에너지 수준을 높이고 집중력을 유지하는 데 도움을 줄 수 있다.
- 자기 효능감 향상 : 춤 동작을 배우고 성취감을 느끼는 경험은 학습 상황에서도 자신감을 갖게 하고 어려운 과제에 도전하는 것을 두려워하지 않도록 도와준다.

11 | 자기 효능감

가. 정의

자기 효능감(Self-efficacy)은 특정한 목표를 달성하거나 과제를 성공적으로 수행하는 데 필요한 자신의 능력에 대한 개인의 믿음 또는 신념을 의미한다. 이는 단순히 자신이 '능력 있다'고 느끼는 막연한 감정이 아니라, 특정한 상황이나 과제에서 자신이 원하는 결과를 만들어낼 수 있다는 구체적인 기대감을 의미한다.

자기 효능감이 높은 사람은 어려운 과제에 직면했을 때 쉽게 포기하지 않고 끈기 있게 노력하며, 실패를 자신의 능력 부족보다는 노력 부족이나 전략의 문제로 인식하는 경향이 있다. 반대로 자기 효능감이 낮은 사람은 과제를 회피하거나 쉽게 좌절하며, 실패를 자신의 능력 부족으로 쉽게 단정짓는 경향이 있다.

자기 효능감은 개인의 동기 부여, 노력 수준, 인내력, 스트레스 관리 능력, 그리고 궁극적인 성공에 중요한 영향을 미치는 핵심적인 심리적 요인이다.

나. 원인

성공 경험(Enactive Mastery Experiences)은 과거에 특정 과제를 성공적으로 수행했던 경험은 자기 효능감을 가장 강력하게 높이는 원천이다. 반복적인 성공 경험은 '나는 할 수 있다'는 믿음을 강화한다. 중요한 것은 단순히 성공하는 것뿐만 아니라, 어려움을 극복하고 노력하여 얻은 성공일수록 자기 효능감에 더 큰 영향을 미친다. 반대로 반복적인 실패 경험은 자기 효능감을 약화시킬 수 있다.

대리 경험(Vicarious Experiences)은 다른 사람, 특히 자신과 비슷한 능력 수준의 사람이 특정 과제를 성공적으로 수행하는 것을 관찰하는 것도 자기 효능감 형성에 영향을 미친다. '저 사람도 해냈으니 나도 할 수 있을 거야'라는 추론을 하게 된다. 관찰 대상이 성공하는 모습뿐만 아니라, 어려움을 극복하는 과정을 함께 목격하는 것이 더욱 효과적이다. 관찰 대상이 실패하는 것을 반복적으로 보는 것은 자기 효능감을 낮출 수 있다.

언어적 설득(Verbal Persuasion)은 타인으로부터 '너는 할 수 있다', '충분히 능력이 있다'와 같은 긍정적인 격려나 피드백을 받는 것은 자기 효능감을 높이는 데 기여할 수 있다.

설득의 효과는 설득하는 사람의 신뢰도와 권위에 따라 달라질 수 있다. 다만, 현실적인 근거 없는 과도한 칭찬보다는 구체적인 능력과 노력에 대한 인정이 더 효과적이다. 부정적인 평가나 비난은 자기 효능감을 심각하게 저하시킬 수 있다.

정서적 및 생리적 상태(Physiological and Emotional States)는 특정 과제를 수행하기 전이나 수행하는 동안 느끼는 신체적, 정서적 상태도 자기 효능감에 영향을 미친다. 예를 들어, 불안감, 긴장감, 피로감 등 부정적인 감정이나 신체 상태는 자신이 그 과제를 수행할 능력이 부족하다고 느끼게 만들 수 있다. 반대로 긍정적인 기분, 활력, 낮은 스트레스 수준은 자신감을 높여 자기 효능감을 향상시킬 수 있다.

다. 증상

- 도전적인 과제 회피 : 자기 능력을 넘어서는 일이라고 믿기 때문에 어려운 상황을 피하려는 경향이 있다.
- 노력 부족 : 어려움에 직면했을 때 자신의 노력이 소용없다고 믿기 때문에 노력을 덜 기울이다.
- 쉬운 포기 : 장애물이나 실패를 겪으면 끈기 있게 노력하기보다는 쉽게 포기한다.
- 미루는 습관 : 자신이 감당할 수 없다고 느끼는 과제를 자꾸 미룬다.

- 낮은 목표 설정 : 달성할 수 없을 것이라고 믿기 때문에 야심찬 목표를 세우는 것을 피한다.
- 낮은 수준의 몰입 : 목표를 세우더라도 그 목표에 대한 몰입도가 약한 경향이 있다.
- 불안정하고 예측 불가능한 행동 : 자기 효능감이 낮은 상황에서 행동이 일관성이 없어질 수 있다.
- 결정 장애 : 자신의 판단을 의심하고 다른 사람에게 끊임없이 확신을 구한다.
- 자기 관리 소홀 : 자신에 대한 믿음이 떨어지면 자신의 필요를 돌보는 동기 부여가 부족해질 수 있다.
- 사회적 위축 : 자신의 사회적 능력에 대한 자신감 부족으로 인해 사회적 상황을 피할 수 있다.
- 부정적인 자기 대화 : 자신의 능력을 비판하고 단점에 초점을 맞추는 끊임없는 내면의 대화에 참여한다.
- 능력 부족에 대한 믿음 : 어려운 과제는 자신의 능력으로는 불가능하다고 강하게 믿는다.
- 개인적인 실패에 대한 집중 : 어려움에 대해 생각할 때 자신의 부족함과 과거의 실패에 집착하는 경향이 있다.

라. 진단

- 일반적 자기 효능감 척도(General Self-Efficacy Scale, GSES) : 다양한 삶의 상황에서 자신의 대처 능력에 대한 전반적인 믿음을 측정하는 도구이다. 광범위한 상황에 적용 가능하며, 자기 효능감의 일반적인 수준을 파악하는 데 유용한다.
- 특정 영역 자기 효능감 척도(Domain-Specific Self-Efficacy Scales) : 특정

학업 분야(예 : 수학 자기 효능감), 직업 분야(예 : 직무 자기 효능감), 건강 행동(예 : 운동 자기 효능감), 사회적 상황(예 : 사회적 자기 효능감) 등 특정 영역에서의 자신의 능력에 대한 믿음을 측정하는 도구이다. 이러한 척도는 특정 연구 목적이나 개입 효과를 평가하는 데 더 적합한다.
- 과제별 자기 효능감 척도(Task-Specific Self-Efficacy Scales) : 매우 구체적인 과제에 대한 자신의 성공 가능성에 대한 믿음을 측정하는 도구이다. 예를 들어, "나는 이 프레젠테이션을 성공적으로 발표할 수 있다고 믿는다"와 같은 문항으로 구성될 수 있다.

마. 치료 방법

- 단계별 성장이 분명한 춤(발레, 현대 무용, 재즈 댄스 등) : 이러한 춤들은 기초부터 고급 단계까지 체계적인 기술 습득 과정을 제공한다. 작은 목표들을 달성하고 점차 어려운 동작을 해내는 경험은 명확한 성취감을 안겨주어 자기 효능감을 높이다.
- 구체적인 목표 설정이 가능한 춤(라인 댄스, 특정 포크 댄스) : 정해진 순서와 동작을 정확하게 암기하고 수행하는 것은 단기적인 목표 달성을 용이하게 한다. 완벽하게 동작을 해냈을 때의 성취감은 '나도 할 수 있다'는 믿음을 강화한다.
- 자신감 있는 표현을 유도하는 춤(라틴 댄스, 힙합, 벨리 댄스) : 리듬에 맞춰 몸을 자유롭게 움직이고 자신만의 스타일을 표현하는 춤은 신체에 대한 긍정적인 인식을 심어주고 표현력에 대한 자신감을 높여준다.
- 협력과 소통을 요구하는 춤(사교 댄스, 파트너 댄스) : 파트너와 함께 호흡을 맞추고 서로의 움직임에 반응하는 과정은 성공적인 상호작용 경험을 제공하며, 이는 사회적 상황에서의 자기 효능감을 증진시킨다.

- 즐거움과 긍정적 경험을 선사하는 춤 : 어떤 종류의 춤이든 즐겁게 참여하는 경험은 스트레스를 해소하고 긍정적인 감정을 유발하여 전반적인 자기 효능감을 향상시키는 데 기여한다.

바. 효과

- 성공 경험 축적 : 작은 목표부터 시작하여 점차 어려운 동작을 성공적으로 수행하는 경험은 '나는 해낼 수 있다'는 믿음을 강화한다.
- 능력 발전 인식 : 꾸준한 연습을 통해 자신의 기술이 향상되는 것을 직접적으로 느끼면서 자신의 능력에 대한 긍정적인 인식을 갖게 된다.
- 자기 주도성 강화 : 자신이 선택한 춤을 배우고 연습하는 과정에서 스스로 목표를 설정하고 노력하는 주체적인 경험을 한다.
- 긍정적 피드백 경험 : 춤 선생님이나 동료로부터 긍정적인 피드백을 받는 것은 자신의 능력에 대한 믿음을 더욱 확고하게 해준다.
- 신체적 자신감 향상 : 자신의 몸을 원하는 대로 움직이고 표현할 수 있다는 경험은 신체적인 자신감을 넘어 전반적인 자신감 향상으로 이어진다.

제7장
무용심리상담사

01 | 무용심리상담사의 역할

무용심리상담사란 정서적·심리적·사회적 장애를 겪고 있는 내담자를 대상으로 무용을 기획하고, 같이 무용을 공연하면서 증상을 완화시키고 치료하는 심리상담사라고 정의할 수 있다.

무용치료는 '무용'과 '치료'라는 두 분야가 합쳐진 합성어이므로 무용심리상담사의 입장을 두 가지로 나눌 수 있다. 하나는 무용을 중시하는 입장이고 다른 하나는 치료를 중시하는 입장이다. 무용을 중시하는 입장은 무용치료 시 무용 자체가 주는 여러 가지 장점이 가장 중요하다고 보는 관점으로 전통적으로 무용에 관련된 일들을 하신 분들의 입장이다. 그러나 치료를 중시하는 입장은 무용치료 시 무용심리상담사의 내담자의 심리를 진단하고 치료하는 것이 중요한 것이라고 보는 심리 상담학에 전문적인 지식을 가진 분들의 입장이다.

무용치료는 심리 상담의 한 유형으로, 정서적·심리적·사회적 문제를 지닌 내담자와 상담할 때 내담자의 마음 상태에 따라서 단순히 대화로만 진단하거나 치료하는 것이 아니라 무용을 하면서 심리치료를 하는 역할을 수행한다.
무용심리상담사의 역할을 보면 다음과 같다.
첫째, 연극치료 도중에 내담자의 상태를 분석할 줄 알아야 한다.
둘째, 내담자가 좋아하는 무용을 만들거나 제공할 수 있어야 한다.
셋째, 무용을 공연하면서 내담자의 표현을 정확하게 읽고 내담자의 마음을 읽을 줄 알아야 한다.

넷째, 무용을 공연하면서 내담자 스스로 자신의 마음을 알고 문제를 자각하게 하고, 문제행동을 수정할 수 있도록 해주어야 한다.

결국 무용심리상담사는 내담자의 다양한 무용치료 활동을 통해서 파악하기 어려운 무의식의 세계를 객관적이고 체계적으로 탐구해 가는 효과적인 치료기법을 습득한 심리상담사이어야 한다.

02 | 무용심리상담사의 직무와 자격 기준

현재 무용심리상담사에 대한 국가 자격증은 없으며, 민간에서 양성교육을 받고 한국직업능력개발원에서 인증한 민간자격증을 발급받을 수 있다. 자격증의 명칭은 무용심리상담사로 오직 한국무용치료협회에서만 발급한다.

무용심리상담사 자격과정은 1급, 2급, 3급으로 나누어서 자격의 직무와 검정기준을 달리하고 있다. 한국무용치료협회의 자격의 직무와 검정기준을 보면 다음과 같다.

가. 자격의 직무

① 무용심리상담사 1급

전문적 수준의 무용에 대한 이론과 지식을 갖추고, 무용 심리상담으로 내담자가 가지고 있는 문제를 예방하거나 해결하고 무용에 관련된 강의 업무를 수행한다.

② 무용심리상담사 2급

일반적 수준의 무용에 대한 이론과 지식을 갖추고, 무용 심리상담으로 내담자가 가지고 있는 문제를 예방하거나 해결하는 업무를 수행한다.

나. 자격의 검정기준

① 무용심리상담사 1급

무용에 대한 전문적 수준의 이론과 지식을 갖추고, 무용심리상담으로 내담자가 가지고 있는 문제를 예방하거나 해결하고, 무용에 관련된 강의를 수

행할 수 있는 능력을 갖춘 수준

② 무용심리상담사 2급
무용에 대한 일반적 수준의 이론과 지식을 갖추고, 무용심리상담으로 내담자가 가지고 있는 문제를 예방하거나 해결하는 업무를 수행할 수 있는 능력을 갖춘 수준

03 | 무용심리상담사의 조건

　무용심리상담사가 되기 위해서는 기본적으로 무용에 대한 지식과 상담에 대한 전문적인 지식을 가지고 있어야 한다.
　무용심리상담사로 활동하기 위해서는 무용심리상담사로서 자격을 갖추고, 현장에서 대하는 많은 상담 경험과 학습을 통해서 전문성을 갖추어야 한다.

　무용심리상담사로서 갖추어야 할 최소한의 조건을 보면 다음과 같다.
　① 내담자와 상담할 수 있는 심리학적인 지식을 가지고 있어야 한다.

　② 내담자가 가지고 있는 심리적·정서적인 증상을 심리치료 관점에서 분석, 진단 및 치유할 수 있는 능력을 갖추고 있어야 한다.

　③ 내담자의 문제해결을 위한 효과적인 상담계획을 세우고, 상담할 수 있어야 한다.

　④ 내담자를 상담하기 위해서는 다양한 검사 도구를 활용하고 객관적으로 분석할 줄 알아야 한다.

　⑤ 검사 결과를 가지고 내담자의 상태나 문제를 정확히 진단할 줄 알아야 한다.

⑥ 내담자의 증상에 따라 상담을 진행할 수 있어야 한다.

내담자의 증상에 따라 무용의 효과나 결과에 차이가 나타나므로 내담자의 고유성을 인지하고 적절한 대처를 할 수 있는 능력을 갖추어야 한다. 이러한 능력 개발에도 역시 오랜 임상 경험이 필수적이다.

⑦ 끊임없이 새로운 지식을 습득해야 한다.

세상이 급변하는 만큼 다양한 정신적·정서적인 문제들이 나타나기 때문에, 무용심리상담사는 전문성을 확보하기 위하여 부단히 노력해야 한다.

⑧ 내담자의 잠재력과 가능성을 믿어야 한다.

무용심리상담사는 내담자를 만남과 동시에 내담자의 잠재 능력을 발견하려는 노력을 해야 하며, 동시에 치료될 수 있다는 믿음을 가져야 한다. 내담자는 상담사의 자신감에 비례해서 마음의 문을 열고 자신을 솔직하게 보이는 경향이 있기 때문이다.

⑨ 상담을 중간에서 포기하지 말아야 한다.

무용심리상담사는 내담자가 변화되지 않는다고 중간에 상담을 포기하게 되면, 내담자에 의해서 컴플레인이 발생하여 무용 전문기관에 막대한 타격을 주기 때문에 상담을 끝까지 완수하여야 한다.

04 | 무용심리상담사의 역할

무용심리상담사의 역할은 크게 상담사, 코치, 지도자, 동반자, 안내자, 촉진자 등 6가지 역할을 수행해야 한다.

가. 상담사

상담사는 내담자와 만나 상담을 통하여 내담자가 가지고 있는 문제를 진단하고, 거기에 맞는 상담을 제공하여 내담자가 스스로 문제를 해결할 수 있도록 도와주거나, 조언해주는 역할을 한다.

나. 코치

코치(Coach)는 발전하고자 하는 의지가 있는 내담자의 잠재능력을 최대한 개발하고, 변화할 수 있도록 목표를 설정해주고, 전략적으로 행동하여, 목표에 도달하도록 이끌어주는 심리상담사를 말한다.

다. 촉진자

촉진자란 원하는 목표에 빠르게 이를 수 있도록 이끌어 주는 사람을 말이다. 무용심리상담사는 무용 도중 내담자의 심리상태가 긍정적으로 빠르게 변화할 수 있도록 최선을 다해야 한다.

라. 지도자

지도자는 특별한 소질을 바탕으로 남들을 이끄는 사람이라는 사전적 의미도 있지만, 어떤 것을 주도적이며 실증적으로 밝히는 사람이라는 심리학적 의미도 있다. 따라서 무용심리상담사는 내담자에게 무용의 원리를 알려주고 지도함과 동시에, 내담자의 상황을 정확히 진단 및 분석하여 문제를 주도적으로 해결하는 지도력을 발휘해야 한다.

마. 동반자

무용심리상담사는 치료 무용 중 내담자와 일정한 거리를 두기보다는, 문제 해결을 위한 동반자가 되어야 한다. 따라서 내담자의 상황을 충분히 이해하고 이에 맞추어 무용을 수행할 필요가 있다.

예를 들어 내담자가 가지고 있는 문제가 큰 데 비해 상담 기간이 짧다면 무용심리상담사는 더욱 적극적으로 내담자를 지지하고 도와야 할 것이다. 반대로 내담자가 가지고 있는 문제가 비교적 간단한 것인 데 비해 상담 기간이 길다면 무용심리상담사는 인내를 갖고 내담자와 인간적인 교류를 깊이 가질 수 있도록 노력해야 할 것이다.

바. 안내자

무용심리상담사는 내담자에게 단순히 정서적 도움을 주는 존재가 아닌, 적극적으로 올바른 방향을 알려주는 안내자가 될 수 있어야 한다. 또한, 내담자가 제안 내용을 잘 따라올 수 있도록 친절히 안내해야 한다. 어떤 일을 수행해야 하는 이유와 방법, 그 내용과 과정에 대해 구체적으로 충분히 이해할 수 있도록 안내하고 이끌어주어야 한다.

05 | 무용심리상담사의 활동 방법

무용심리상담사가 되어 활동할 수 있는 방법은 다음과 같다.

① 개인적으로 심리상담소를 개설하여 무용심리상담사로 활동
② 사회복지관, 가정복지관 및 노인복지관, 청소년상담센터, 가족상담센터, 건강 가정지원센터, 각종 사회복지센터 등 다양한 곳으로 취업이 가능
③ 전국의 대학교 평생교육원과 여성회관, 지방자치단체에서 운영하는 평생교육원, 여성 인력개발센터 등에서 강사로 활동
④ 프리랜서로 무용심리치료를 받고 싶은 사람을 모아 무용심리치료를 진행
⑤ 무용 전문기관 설립 운영
⑥ 심리상담가로 활동

무용치료는 아직 아무도 하지 않았다는 데서 새로운 전문성에 도전해볼 기회를 제공하고 있는 분야다. 앞으로 수요가 더욱 늘어날 전망이므로 남들보다 조금 일찍 도전한다면 빠르게 성장하고 있는 직업으로서 매력이 있다고 하겠다.

무용은 앞으로 수요가 더욱 늘어날 전망이므로 무용심리상담사에 대한 필요성은 더욱 증가하게 되어 전망이 밝은 분야라고 할 수 있다.

06 | 무용심리상담사의 전망

　우리나라에서는 아직 무용치료라는 말은 매우 생소하게 들릴 수 있다. 삶의 질이 향상되면서 무용에 관한 관심이 커지고, 무용이 심리치료 방법으로 자리를 잡게 된 것도 얼마 되지 않았다.
　무용은 오래전부터 해 왔지만, 심리상담에 본격적으로 활용하게 된 것은 오래되지 않았다. 삶의 질이 향상됨에 따라 무용에 관심을 갖는 인구가 증가하고 있으며, 심리상담 분야에서도 일자리가 무용치료를 도입하는 곳이 늘고 있다.

　무용치료가 심리상담 기법으로 활용하기 가장 좋은 이유는 무용을 공연하는 동안 자신이 가진 문제를 즐거움 속에서 능동적으로 치료할 수 있다는 데서 무용치료는 다른 어떤 치료에 비하여 능동적이면서 자연적인 치료적 성격을 가지고 있다고 할 수 있다.
　무용치료의 전망이 매우 밝은 것은 현재 무용이 주는 장점이 많지만, 이것을 심리상담에 활용하는 곳은 많지 않기 때문에 지금 무용치료 시장에 진입하는 것은 블루오션을 진입하는 것과 같기 때문이다. 앞으로 무용치료가 활성화될수록 무용심리상담사는 더욱 유망한 직업이 될 것이다.

　현재는 무용심리상담사를 양성하는 곳이 한국무용치료협회가 유일하지만, 앞으로 무용치료에 대한 관심이 증가할수록 무용심리상담사를 필요하게 될 것이다. 따라서 각 대학교의 평생교육원과 여성회관, 지방자치단체에서 운영하는 평생교육원, 여성 인력개발센터 등에서 다양한 프로그램을 요구하고 있기 때문에 무용심리상담사를 양성하는 교육과정이 생겨날 것이다. 뿐만 아니라 상담분야의 종사자들이나 심리상담을 공부한 학습자들에게도 심리상담의 새로운 치료 방법이기 때문에 배워서 적용하려는 수요가 생길 것이다.

무용치료 분야는 평생교육 시설에서 무용심리상담사를 양성하는 과정을 운영할 뿐만 아니라 대학의 심리학과, 교육학과, 사회복지학과 등에서 교육과정에 포함할만한 프로그램이다.

제8장
무용치료 상담 과정

01 | 접수

　내담자는 상담을 의뢰할 때 면접 상담만 생각하는 경우가 대부분이다. 전화로 상담을 의뢰하는 경우는 대체로 내담자의 문제행동이 가벼울 경우이다. 아주 위급한 경우가 아니라면 일반적으로 전화 접수를 먼저 한 후, 상담 날짜, 시간 등을 예약한다. 직접 찾아와 상담을 의뢰하는 방문 접수도 있다.

가. 전화 접수

　상담과 치료를 받으려는 대부분의 내담자는 전화로 처음 상담을 하게 된다. 그런데 전화상담이 성공적으로 이루어지는 것은 상당히 드물다. 전화로만 문제를 해결하려고 하고 방문 치료를 꺼리는 경우가 많다. 따라서 전화 상담이 성공으로 연결되는 데는 전화 상담자의 역할이 중요하다.

　상담자는 전화 통화를 통해 내담자의 기본정보 즉, 이름, 집 주소 혹은 부모의 직장 주소, 연락 가능한 전화번호, 현재 내담자가 가지고 있는 문제 유형, 상황 정도 등을 대화 중에 파악하여 기록을 하게 된다.

　전화접수는 상담 시간이 아니라 첫 면담을 약속하기 위해 최소한의 정보를 수집하는 것이다. 따라서 처음부터 내담자 가진 문제의 원인과 성장 배경까지 질문할 필요 없이, 상담할 시간 약속을 정하는 것이 좋다.

　그러나 많은 전화 내담자는 전화 상담을 통하여 성급하게 문제를 해결하려고 하다 보니 심지어 통화가 1시간이 넘어가는 경우도 자주 있다. 따라서 전화 접수는 기본적인 요건 즉, 상담에 필요한 점, 상담 절차, 상담 비용, 시간 약속, 상담 시간 등을 알려주는 데 집중해야 한다.

　전화 접수를 성공적으로 하려면 다음을 유의해야 한다.

1) 전화 접수 시 무용심리상담사는 내담자에게 신뢰감을 주도록 해야 한다. 얼굴이 보이지 않는 상황에서, 내담자는 지나치게 불필요한 요구와 전화 통화로 모든 것을 해결하려는 의도를 드러낼 수 있다. 그럴수록 상담사는 짧은 시간 안에 무용심리상담사의 전문성에 대해 신뢰감을 주어야 한다.

무용심리상담사는 단순히 내담자의 고통을 들어주고 이해하는 사람이 아닌, 상황과 사실을 정확히 인식하고, 판단하여 어떻게 대처해야 할지를 아는 심리상담사라는 사실을 내담자가 인식하도록 해야 한다.

2) 전화 접수 중 ,내담자의 상담 내용에 대해 '별것 아니다'라거나 '시간이 해결한다'고 하는 식의 대응은 지양한다. '시간만 지나면 좋아지겠지'라는 막연한 기대감을 주게 되고 내담자의 상담 동기를 저하시켜 상담하려는 마음이 없어질 수 있기 때문이다.

3) 상담을 처음 하는 내담자는 상담 과정에 대해 지나치게 구체적이고 정확하게 알려주는 것은 오히려 상담 동기를 떨어뜨릴 수 있다. 자신의 문제가 너무도 구체적이고 정확하게 표현되면 내담자는 자기 문제가 매우 간단한 것, 대수롭지 않은 것이라고 여길 수 있기 때문이다.

4) 내담자가 위급한 상황에 처해 있는 등, 긴급한 문제에 대하여 상담을 요하는 내담자일수록 정보 제공만 받고 여러 상담실을 방문·상담하는 경향을 보인다. 또한 문제 행동이 줄어든 것을 치유된 것으로 판단하여, 문제를 근본적으로 해결하려 하지 않기 때문에 방문 약속을 지키지 않을 수 있다. 이런 이유로 심각하고 근본적인 치료를 요하는 문제를 제대로 해결하지 못하는 경우도 많다.

5) 전화상담 시 기본적인 정보만으로 내담자의 상태나 장애를 단정하면 안 된다. 내담자의 보호자가 자신이 잘못했다고 비난을 받고 있다고 느끼거나 무능하다고 평가받을 것 같은 두려움과 불안을 갖게 되어 상담을 포기하게 될 수도 있다.

나. 방문 상담

내담자가 직접 상담실로 찾아오는 방문 상담에서는 내담자와 관계된 누가 상담에 참여해야 할지 결정하는 것이 매우 중요하다. 방문 상담은 본인이 직접 오는 경우도 있지만, 자녀를 상담하게 할 때는 가족 구성원 전체가 참여하기도 한다. 또한, 부모만 방문하는 경우, 주 양육자만 방문하는 경우, 아동만 만나는 경우, 부모와 아동을 따로따로 만나는 경우도 있다.

가족 치료적인 접근이 필요한 경우, 가족을 모두 방문하게 한다. 개인 상담을 하는 경우에는 각 구성원을 개별 면담을 한다. 아동을 대상으로 하는 상담은 성인 상담의 경우와는 다르므로, 아동과 부모를 모두 만나 보아야 한다. 필요하다면 가족 구성원이 모두 참여해야 할 수도 있다.

아동과 부모를 모두 만나야 하는 경우에도 함께 만날 건지, 따로 만날 건지를 결정하는 것도 무용심리상담사의 몫이다. 또한, 아동과 부모를 따로 만난다 할 때, 먼저 아동을 상담할지, 부모를 상담할지도 잘 결정해야 한다. 상담 순서에 따라 치료 효과에 상당한 차이가 있기 때문이다.

02 | 상담 계약

가. 인사

　내담자와 상담이 성공하기 위해서는 전화나 방문 상담을 시작할 때 친절하고 편안한 분위기를 느끼게 해야 한다. 따라서 첫 면담에서 "어떤 것을 도와드릴까요?", "어떤 일을 어려움을 느끼시는지요?" 등의 질문으로 내담자의 마음을 열어, 원활한 상담의 토대를 마련할 수 있다.

　내담자의 상담내용을 듣다가 추가적인 정보가 필요하면 "그에 대해 좀 더 자세히 듣고 싶은데 괜찮을까요?" 등의 내담자의 프라이버시를 존중하고 있다는 마음이 들게 해야 한다.

나. 신뢰감 형성

　상담이 성공하려면 무엇보다 필요한 것은 여행심리상담사에 대한 이해와 절대적인 믿음이 필요하다. 따라서 여행심리상담사의 첫인상은 내담자가 상담을 결정하게 되는 중요한 요소이다. 여행심리상담사에 대한 믿음을 높이는 방법은 상담하는 동안 상담 분야의 전문가라는 인식을 주어야 하며. 내담자가 상담 과정에 대하여 불쾌해하지 않게 하며 이해받고 있다는 믿음을 줄 수 있어야 한다.

다. 심리검사

　상담으로 문제 해결을 위한 가장 중요한 조건은 내담자가 가지고 있는 문제를 정확히 진단하는 것이다. 무용심리상담사는 내담자가 가지고 있는 문제를 빠르고 정확하게 진단하기 위해서는 심리검사 결과를 가지고 진단하는 것이 좋다.

내담자에게 심리검사는 자신을 이해하는 데 도움이 된다. 심리검사를 하게 되면 더 많은 이야기를 내담자로부터 이끌어낼 수 있고, 상담자를 객관적으로 볼 수 있기 때문에 심리검사는 매우 중요하다.

심리검사는 일반적으로 상담을 하기 전에 사전 검사를 하고, 상담을 끝낸 후에 사후 검사를 하는 것이 좋다. 사전 검사는 내담자와 첫 만남에서 상담 주제가 결정되면 그에 따른 심리검사를 실시한다. 사후 검사는 상담을 종료하기 전에 상담을 통해서 얼마나 변화가 되었는지를 측정하기 위해서 진행한다.

라. 상담과정 설명

내담자에 대한 진단이 끝나고 내담자가 가지고 있는 정신적·심리적인 문제를 해결하기 위하여 앞으로 해야 할 무용치료에 대한 설명을 해 준다.

상담을 위한 첫 만남에서는 내담자가 안정감을 갖고 지속적으로 상담에 참여시키기 위하여 상담 진행 과정에 대하여 안내를 해야 한다. 상담 진행 과정에 대한 안내는 다음과 같이 하는 것이 좋다.

- 무용치료의 특징
- 무용치료의 장점
- 상담 계약 내용
- 상담의 목적
- 상담 진행 과정
- 상담 회기와 상담 기간
- 상담 방법

- 상담 장소
- 상담 일시 변경 및 취소 방법
- 노쇼 시 차감
- 상담내용에 대한 비밀보장 고지
- 심리검사 실시 여부
- 상담 연장 시 상담 비용
- 상담 시 내담자의 자세
- 기타

마. 상담계약서 작성

　내담자가 여행심리상담사의 각종 준수 사항에 동의하면, 이 책의 부록에 있는 상담 계약서를 작성한다. 상담계약서를 작성하지 않으면 상담 도중에 분쟁이 생길 수도 있고, 상담을 중도에 포기하게 되어 고생만 하게 되는 경우가 생기기 때문에 반드시 상담계약서를 작성해야 한다.

　상담 계약서는 2부 작성해서 여행심리상담사와 내담자가 각 1부씩 나누어 가진다. 부록에 제시된 상담 계약서는 일반적인 계약서이므로 내담자의 상황이나 상담 분야에 따라 수정해서 사용해도 좋다.

바. 상담 시작 고지

　상담 계약서가 작성되면 여행심리상담사는 내담자에게 상담이 시작됨을 알려준다. 여행심리상담사는 전문적인 촉진자 역할을 수행하고, 내담자는 상담을 받을 자세로 전환한다.

03 | 상담 시작

가. 상담 주제 탐색

면대면이나 비대면 상담이 시작되면 가장 먼저 해야 할 일은 상담주제를 탐색해야 한다. 무용치료에서 다루는 상담주제는 매우 다양하다. 따라서 상담사는 가장 먼저 내담자가 원하는 상담주제가 무엇인지를 정확히 파악하고, 그에 따른 상담사례와 선행지식을 활용하여 상담을 진행해야 한다. 자신이 부족한 지식에 대해서는 관련 정보를 수집하여 상담에 활용해야 한다.

나. 사례 개념화

사례 개념화는 상담사가 상담이 시작되면 내담자의 심리검사 결과를 가지고 성격, 정서, 사고, 특징 등을 파악하여 상담사가 가지고 있는 이론적인 지식을 적용하여 내담자 문제의 성격과 원인에 대해 잠정적인 가설을 내리고 이에 기초한 상담 목표 및 전략을 수립하는 것을 말한다.

무용치료는 대부분 단기 상담으로 진행되기 때문에 상담자들은 단기 상담에 적합한 해결 중심 상담을 사용하거나 절충한 이론으로 사례 개념화를 진행해야 한다. 또는 직장인들의 통찰을 돕기 위해 인간중심 이론을 사용하여 내담자에 대한 이해를 시도하되, 짧은 회기에도 구체적인 성과를 느낄 수 있게 해결 중심, 표현예술 상담 등으로 절충하여 사례 개념화 및 진행해 보는 것도 좋다.

상담이 단 회기이거나 3회기 이내의 매우 짧은 회기의 상담일 경우 별도의 사례 개념화를 하지 않고 내담자의 해결하고자 하는 문제를 듣고 공감하고 내담자의 강점을 강화하는 방식으로 진행해야 한다.

다. 상담 계획 수립

무용치료는 상담 회기 수가 제한적이기 때문에 상담이 시작되기 전에 회기 수를 고려하여 어떻게 상담을 진행할지 계획을 수립해야 효율적인 상담을 진행할 수 있다. 상담 계획을 수립할 때 고려할 사항은 다음과 같다.

- 상담의 주제는 무엇으로 할 것인가?
- 내담자와의 첫 상담에서 마음의 문을 어떻게 열 것인가?
- 내담자와의 첫 상담에서 무용심리상담사의 신뢰성은 어떻게 가져올 것인가?
- 회기마다 상담을 어떻게 진행할 것인가?
- 어떻게 상담해야 효과적으로 문제를 해결할 수 있는가?

라. 상대방에 대한 이해

내담자 스스로 자신의 문제를 명확히 알지 못하는 경우가 많기 때문에 무용심리상담사는 상담을 통해 파악한 내담자의 신체적, 물리적 환경, 심리적, 지적, 기능적 발달 수준, 대인관계 상태, 가족, 직장, 기타 환경의 상태, 내담자의 상담에 대한 동기나 기대의 정도 등을 정확히 이해해야 제대로 된 상담을 할 수 있게 된다.

따라서 무용심리상담사는 내담자를 이해하기 위해서 자신의 현재 상황이나 문제라고 여기는 것들, 가치관 등을 솔직하게 표현할 수 있도록 도와야 한다. 내담자가 상담한 내용 중에서 무용심리상담사는 내담자가 가진 현상을 분석한 후, 거기서 비롯되는 문제가 무엇인지 파악할 수 있어야 한다. 자신이 직접 경험하지 않은 다른 사람의 감정과 상황을 거의 비슷한 수준으로 받아들였을 때 상대방을 이해했다고 할 수 있는 것이다. 따라서 상담에서 내담자에 대한 이해가 바탕이 되지 않는다면, 무용심리상담사는 내담자와 효율적인 상담을 해 나가기 어렵다.

내담자에 대한 이해는 내담자의 말이나 행동에서 관찰될 수 있으므로, 상담사는 상담 과정 내내 내담자의 감정이나 태도 뿐 아니라 신념과 같이 쉽게 드러나지 않는 것까지 정확하게 분석하고 이해하기 위해 노력해야 한다.

내담자는 무용심리상담사가 자신을 충분히 이해했다고 느끼게 되면, 무용심리상담사를 보다 신뢰하게 되는데, 이런 신뢰 관계는 내담자가 마음의 문을 여는 데 도움이 된다. 이를 위해서는 내용을 잘 듣고 있을 뿐 아니라 심층적 느낌까지도 이해하려고 노력한다는 사실을 내담자에게 보여주려고 노력해야 한다.

무용심리상담사는 상담 중에 내담자를 이해하기 위해서 다음 사항을 유의하면서 상담을 진행하는 것이 좋다.
- 내담자에게 일어나는 감정을 표현할 수 있는 기회를 많이 준다.
- 내담자가 감정 표현을 할 수 있도록 적극적으로 유도한다.
- 소극적인 내담자는 감정 표현 자체에 박수나 칭찬을 해 줌으로써 자신감을 갖게 한다.
- 자신과 타인과의 감정은 다를 수 있으므로, 내담자 간에 서로 비교하지 않는다.
- 내담자의 감정 표현을 존중하고 격려해 준다.
- 내담자 스스로 서로의 생각과 느낌이 다르다는 것을 인정해 준다.

마. 일관적 성실성

정성스럽고 진실된 품성을 성실성이라고 말한다. 성실성을 가지고 모든 상담 과정을 수행해야 하는 것은 무용심리상담사가 마땅히 해야 할 일이다. 이를 일관적 성실성이라고 한다.

무용심리상담사 역시 상담 시 일관적인 성실성을 바탕으로 내담자를 대하기 위해 노력해야 한다. 그렇다고 무용심리상담사의 모든 감정을 있는 그대로 모두 표현해야 한다는 것은 아니지만, 상담 과정에서 진실함과 일관성 있는 태도를 취해야 한다.

일상생활에서 우리는 남을 배려하기 위해 부정적 반응을 초래할 수 있다고 생각되는 감정 표현을 자제하거나 회피하곤 하며 심지어 거짓말을 하기도 한다. 그러나 이러한 솔직하지 않음이 오히려 부정적 결과를 초래할 수 있다는 것을 명심해야 한다. 그러므로 상담 중 내담자의 변화나 태도가 마음에 들지 않는다면, 솔직히 말하고 표현해서 문제를 해결하는 것이 바람직하다.

바. 상담 전문성 확보

어떤 분야에 대한 상당한 지식과 경험을 전문성이라고 한다. 성공적인 상담은 상담자가 자신의 분야에서 최고가 되겠다는 강한 의지와 노력에서 비롯된다.

무용심리상담사 역시, 상담에 대한 전문성과 식견을 가진다면 큰 경쟁력을 보유하게 되는 것은 물론, 내담자에게 자연스럽게 신뢰감을 주게 되고 존경심까지 유발함으로보다 효율적인 상담이 이루어지게 된다.

전문성을 나타내는 방법은 내담자의 학력, 직업, 경제적 수준에 따라 알맞은 용어로 전개하는 것이다. 전문직을 가진 내담자라면, 통계적 수치를 통해 합리적이고 논리적으로 접근한다. 노동자 계층이라면, 반대로 이론적으로 접근하기보다는 긍정적이고 교훈적인 경험 사례를 통해 상담하는 것이 바람직하다. 직급이 높은 내담자는 합당한 예우를 해 주어 불쾌한 감정이 생기지 않도록 한다. 또한, 직급이 낮은 내담자도 자신이 대접을 받고 있다는 것을 상담받는 동안 느끼게 해 주어야 한다.

사. 상담목표 설정

상담목표는 일반 상담과 마찬가지로 내담자와 함께 합의하여 정하게 된다. 내담자의 문제에 대해 충분히 듣고 내담자가 상담을 통해서 해결하고 싶어 하는 목표를 설정하도록 해야 한다.

상담목표를 설정할 때는 회기가 짧기 때문에 회기 안에 해결할 수 있는 목표를 설정해야 한다. 회기 수에 비해 시간이 오래 걸리는 큰 상담목표를 설정하는 것은 중간에 상담을 종료해야 하기 때문에 상담 기간 내에 문제를 해결하기 어렵고 상담 결과에 불만을 갖게 된다. 따라서 큰 상담목표를 설정하기보다는 내담자가 상담 기간 안에 문제를 해결하고, 상담을 통해 변화가 있었다고 느낄 수 있도록 작은 상담목표를 설정해야 한다.

04 | 무용 동작 분석

 무용심리상담에서 무용 동작 분석은 내담자의 무의식적 감정, 생각, 경험을 파악하는 핵심적인 도구이기 때문에 매우 중요한다. 언어로 표현되지 않거나 숨겨진 심리적 문제를 몸의 움직임을 통해 이해하고 치료하는 데 필수적인 과정이다.

가. 무용 동작 분석의 필요성
 1) 비언어적 소통의 통로
 사람의 말은 의식적인 통제를 받지만, 몸의 움직임은 무의식적인 심리 상태를 더욱 솔직하게 드러낸다. 무용 치료사는 내담자의 자세, 움직임의 크기와 속도, 공간 활용 등을 관찰함으로써 내담자의 내면을 파악할 수 있다. 예를 들어, 팔짱을 낀 채 경직된 자세로 춤을 추는 것은 말로는 "괜찮아요"라고 해도, 실제로는 불안감이나 방어적인 심리 상태를 가지고 있음을 보여준다.

 2) 무의식적 내용의 발견
 무용 동작은 단순히 현재의 감정뿐만 아니라, 오랫동안 억압되어 온 감정이나 과거의 트라우마를 반영하기도 한다. 무용 치료사는 내담자의 반복적인 움직임 패턴을 분석하여, 그 안에 담긴 무의식적인 갈등이나 기억을 찾아낼 수 있다. 이 과정은 내담자가 스스로도 인지하지 못했던 문제의 근원을 깨닫는 중요한 계기가 된다.

3) 몸과 마음의 연결고리

무용 치료는 몸과 마음이 서로 연결되어 있다는 전제에서 출발한다. 동작 분석을 통해 치료사는 내담자의 심리적 문제가 신체에 어떻게 나타나고 있는지 파악할 수 있다. 예를 들어, 우울증을 겪는 사람은 몸의 에너지가 낮고 움직임이 위축되는 경향을 보이다. 치료사는 이러한 분석을 바탕으로 활기찬 동작을 유도하며, 몸의 변화를 통해 마음의 변화를 이끌어내는 치료 계획을 세울 수 있다.

4) 치료 목표 설정 및 평가

무용 동작 분석은 치료의 시작 단계에서 내담자의 현재 상태를 정확하게 진단하는 기준이 된다. 치료 목표를 '자신을 표현하는 움직임의 크기를 확장한다'와 같이 구체적으로 설정할 수 있게 해준다. 또한, 치료 과정 중 내담자의 움직임 변화를 지속적으로 관찰함으로써 치료의 효과를 객관적으로 평가하는 중요한 척도가 된다.

따라서 무용 동작 분석은 무용심리상담을 성공적으로 이끌기 위한 핵심적인 기술이며, 내담자의 신체와 심리를 통합적으로 이해하는 데 가장 중요한 역할을 한다.

나. 동작에 따른 심리표현

사람의 동작은 단순한 움직임을 넘어, 내면의 심리 상태를 비언어적으로 표현하는 강력한 수단이다. 말로는 숨길 수 있는 감정이나 태도가 몸짓과 자세를 통해 드러나는 경우가 많다.

1) 자세(Posture)

자세는 그 사람의 심리적 자신감과 태도를 가장 잘 보여준다.

- 자신감과 개방성 : 등을 곧게 펴고 어깨를 뒤로 젖힌 자세는 자신감과 편안함을 나타낸다. 팔짱을 끼지 않고 손바닥을 보이거나 몸을 앞으로 기울이는 행동은 상대방과의 소통에 열려 있다는 의미이다.
- 방어와 불안 : 어깨를 움츠리거나 등을 굽히는 자세는 불안감이나 위축된 심리를 드러낸다. 팔짱을 끼거나 다리를 꼬는 행동은 상대방의 의견에 동의하지 않거나 자신을 보호하려는 방어적인 태도로 해석될 수 있다.

2) 손과 팔의 움직임

손과 팔은 감정의 동요를 가장 먼저 보여주는 부위 중 하나이다.

- 긴장과 초조함 : 손톱을 물어뜯거나, 깍지 낀 손을 만지작거리는 행동, 또는 머리카락을 계속 만지는 것은 초조하고 긴장된 심리 상태를 나타낸다.
- 권위와 힘 : 양손을 허리에 올리는 자세는 단호함이나 권위를 표현하며, 손가락으로 상대방을 가리키는 행동은 공격적인 태도로 비춰질 수 있다.

3) 눈의 움직임

눈은 감정의 창이며, 눈의 움직임은 생각의 방향과 진실성을 드러낸다.

- 관심과 진실성 : 상대방과 눈을 맞추는 것은 관심과 자신감을 보여준다. 단, 너무 오랫동안 응시하는 것은 공격적으로 느껴질 수 있다.
- 회피와 거짓말 : 대화 중 눈을 피하거나 자주 깜빡이는 행동은 불편함이나 거짓말을 하고 있을 가능성을 나타낸다. 천장을 보거나 눈동자를 옆으로 굴리는 행동은 무언가를 생각하거나 회상하고 있다는 신호일 수 있다.

4) 다리와 발의 움직임

다리와 발은 가장 의식적으로 통제하기 어려운 부분으로, 무의식적인 심리를 잘 보여준다.

- 초조함과 지루함 : 발을 계속 떨거나, 앉아 있을 때 발을 흔드는 것은 불안하거나 지루함을 느끼고 있다는 신호이다.
- 떠나고 싶음 : 서 있거나 앉아 있을 때 발끝이 출구 쪽을 향하고 있다면, 그 자리를 빨리 벗어나고 싶다는 무의식적인 표현일 수 있다.
- 이러한 동작들은 절대적인 지표가 아니며, 문화적 차이나 개인의 습관에 따라 다르게 해석될 수 있다. 하지만 여러 신호가 동시에 나타날 때, 상대방의 숨겨진 심리 상태를 파악하는 중요한 단서가 될 수 있다.

다. 춤 동작에 따른 심리표현

춤은 인간의 가장 원초적이고 본능적인 표현 방식 중 하나이다. 언어가 미처 전달하지 못하는 감정, 성격, 심리적 상태가 춤 동작 하나하나에 담겨 있다. 춤 동작에 따른 심리 표현은 다음과 같이 다양하게 나타난다.

1) 동작의 크기와 범위(Size and Scope of Movement)

- 크고 넓은 동작 : 팔다리를 크게 뻗거나 넓은 공간을 사용하며 춤을 추는 것은 자신감, 자유로움, 외향성을 나타낸다. 에너지가 넘치고 긍정적인 감정을 표현할 때 주로 나타난다.
- 작고 위축된 동작 : 몸의 중심 근처에서 작은 동작으로 춤을 추는 것은 내성적, 수줍음, 불안, 슬픔을 표현할 수 있다. 스스로를 보호하거나 감정을 드러내지 않으려는 심리 상태를 반영한다.

2) 동작의 속도(Speed of Movement)
- 빠르고 급작스러운 동작 : 빠른 리듬에 맞춰 격렬하고 민첩하게 움직이는 것은 흥분, 기쁨, 에너지, 또는 분노, 긴박함과 같은 강한 감정을 나타낼 수 있다.
- 느리고 부드러운 동작 : 천천히 부드럽게 움직이는 춤은 우아함, 평온함, 슬픔, 혹은 사색적인 심리 상태를 보여준다. 여유와 내면의 감정을 탐색할 때 나타나기 쉽다.

3) 동작의 힘과 무게(Force and Weight of Movement)
- 무겁고 힘 있는 동작 : 바닥을 강하게 밟거나, 몸을 무겁게 사용하는 동작은 단호함, 강한 의지, 권력, 또는 분노를 표현한다.
- 가볍고 부드러운 동작 : 공중에 떠 있는 듯 가볍고 부드러운 동작은 경쾌함, 즐거움, 또는 연약함, 섬세함을 나타낸다.

4) 공간의 활용(Use of Space)
- 수평적, 수직적 공간 활용 : 바닥을 기거나 공중으로 점프하며 공간을 넓게 활용하는 것은 탐험적이고 진취적인 성향을 보여준다.
- 중심적, 자기중심적 활용 : 한 곳에서 빙글빙글 돌거나 몸의 중심을 크게 벗어나지 않는 춤은 내면의 세계에 집중하고 있거나, 고립감이나 불안감을 느끼고 있음을 보여줄 수 있다.

5) 리듬과 흐름(Rhythm and Flow)
- 일관되고 유려한 흐름 : 동작이 끊기지 않고 물 흐르듯 이어지는 춤은 정서적 안정감과 조화를 나타낸다.

- 불안정하고 불규칙한 흐름 : 동작이 갑자기 멈추거나 예측할 수 없는 리듬으로 움직이는 춤은 내적 갈등, 혼란, 정서적 불안정을 보여줄 수 있다.
- 무용 치료에서는 이러한 춤 동작을 통해 내담자의 심리 상태를 파악하고, 무의식적인 감정을 안전하게 표출하며 치유하는 데 활용한다.

다. 춤에서 손 동작에 따른 심리 표현

사람의 춤에서 손과 발은 단순한 신체 부위가 아니라, 내면의 심리를 드러내는 가장 섬세하고 중요한 표현 도구이다. 무의식적인 감정과 태도가 손과 발의 움직임에 고스란히 담겨 있다. 손은 타인과의 관계, 감정의 미세한 변화를 나타내는 데 탁월한 역할을 한다.

- 개방성과 신뢰 : 손바닥을 펼치거나, 팔을 넓게 벌리는 동작은 개방적이고 솔직한 심리를 나타낸다. 상대방과 소통하고 관계를 맺고 싶다는 긍정적인 신호이다.
- 방어와 긴장 : 주먹을 쥐거나, 손을 몸 가까이 두는 동작, 또는 팔짱을 끼는 것은 경계심이나 불안감을 보여준다. 외부로부터 자신을 보호하려는 방어적인 심리 상태이다.
- 섬세함과 우아함 : 손가락 하나하나를 섬세하게 사용하고, 부드럽고 유려한 손짓을 하는 것은 우아함, 섬세한 감정, 또는 취약성을 표현한다. 이는 한국 무용이나 발레에서 특히 잘 드러난다.
- 권위와 힘 : 손가락으로 가리키거나, 손을 위아래로 힘 있게 움직이는 동작은 권위, 지시, 또는 강한 의지를 보여줄 수 있다.

라. 춤에서 발 동작에 따른 심리 표현

발은 개인의 안정감, 자신감, 그리고 내면의 에너지 수준을 보여준다.

- 안정감과 자신감 : 발을 바닥에 단단히 고정하고, 무게 중심을 안정적으로 옮기는 춤은 자신감과 내적 안정감을 보여준다. 춤의 기본이자 심리적 기반이 튼튼하다는 것을 의미한다.
- 불안과 초조함 : 발끝으로 바닥을 계속 톡톡 두드리거나, 한 곳에 머물지 못하고 불안정하게 움직이는 발은 초조함이나 불안감을 나타낸다. 땅에 발을 제대로 딛지 못하는 심리적 상태를 반영한다.
- 에너지와 역동성 : 발을 힘 있게 구르거나, 높이 뛰어오르는 동작은 넘치는 에너지, 즐거움, 또는 강한 의지를 표현한다. 활발한 에너지로 세상과 소통하고 싶다는 욕구를 보여줄 수 있다.
- 내성적 심리 : 발을 거의 떼지 않고 조용히 움직이는 춤은 내성적이고 사색적인 성향을 드러낸다. 내면의 세계에 집중하고 있거나, 외부와의 접촉을 최소화하려는 심리를 나타낸다.
- 춤에서 손과 발의 움직임은 다른 신체 부위와 결합하여 더욱 풍부한 심리적 표현을 만들어낸다. 이러한 동작을 통해 우리는 춤을 추는 사람의 마음 상태를 더 깊이 이해할 수 있다.

마. 구체적인 동작에 따른 심리 표현

1) 점프와 도약(Jumps and Leaps)

점프는 중력에 저항하며 몸을 띄우는 동작으로, 자유와 내적 상태를 표현한다.

- 높고 가벼운 점프 : 해방감, 희열, 기쁨, 희망을 나타낸다. 마치 현실의 제약에서 벗어나고 싶다는 내면의 욕구를 보여준다.
- 낮고 무거운 점프 : 무기력함, 좌절, 억압을 표현한다. 몸이 무언가에 짓눌려

있다는 심리적 상태를 반영한다.
- 정신없이 뛰어오르기 : 불안, 혼란, 공포와 같은 감정의 폭발을 의미할 수 있다.

2) 바닥과의 접촉(Contact with the Floor)
바닥은 안정성과 현실, 그리고 근원을 상징한다.
- 발을 힘 있게 구르기 : 분노, 불만, 강한 의지를 표출하는 동작이다. "나 여기 있다"는 존재감을 드러내고 싶거나, 내면의 강한 감정을 표출하고자 할 때 나타난다.
- 바닥에 몸을 낮추기 : 무력감, 슬픔, 포기를 표현한다. 바닥에 주저앉거나 구르는 동작은 스스로를 보호하거나, 지쳐서 휴식을 원하는 상태를 보여준다.
- 무릎으로 걷기 : 복종, 굴복, 혹은 연약한 심리 상태를 나타낼 수 있다.

3) 회전과 균형(Turns and Balance)
회전은 내면의 변화나 혼란을, 균형은 안정성을 상징한다.
- 빠르고 안정적인 회전 : 자신감, 통제력, 명확한 심리 상태를 나타낸다. 자신의 중심을 잃지 않고 상황을 잘 통제하고 있다는 것을 보여준다.
- 불안정한 회전 : 혼란, 통제 불능, 정서적 불안정감을 표현한다. 삶의 방향을 잃었거나, 내면의 갈등을 겪고 있음을 나타낼 수 있다.

4) 뻗기와 위축(Extension and Contraction)
몸의 확장과 수축은 내면의 에너지와 관계를 드러낸다.
- 몸을 넓게 뻗기 : 팔다리를 최대한 늘리고 몸을 확장하는 동작은 성장, 희망, 개방성을 나타낸다. 세상과 적극적으로 소통하고 싶다는 욕구를 보여준다.

- 몸을 웅크리기 : 팔다리를 몸에 붙이고 웅크리는 동작은 공포, 슬픔, 내성적 심리를 표현한다. 외부의 위협으로부터 자신을 보호하고 싶거나, 내면으로 침잠하고 싶을 때 나타난다.

05 | 상담 진행

가. 문제해결

무용치료는 다른 상담에 비하여 회기가 정해져 있는 상담이기 때문에 정해진 회기 안에 내담자와 정한 상담목표에 도달하여 내담자가 가진 문제를 해결할 수 있도록 상담을 해야 한다. 이 단계에서는 내담자가 스스로 문제를 극복하고 목표를 달성할 수 있도록 구체적인 전략과 행동 방안을 모색하고 실행하게 된다. 따라서 회기마다 구체적인 상담목표를 설정하고, 상담목표에 도달할 수 있게 상담을 하여, 내담자가 회기마다 자신의 문제가 점차 해결된다는 느낌을 갖게 해야 한다.

짧은 회기 내에 모든 상담 목표를 해결하기 어려우면, 문제 해결에 도움이 되는 과제를 자주 내줌으로써, 내담자는 과제를 수행하면서 상담에서 했던 것들을 떠올리면서 도움을 받을 수 있게 된다.

과제는 내담자가 부담을 가지 않을 정도로 짧은 시간을 효율적으로 사용할 수 있는 수면 기록, 일기, 감정 일지 같은 과제를 부여하는 것이 좋다.

나. 치유 무용

무용치료에서 문제해결 단계의 '치유 무용'은 내담자의 심리적 문제에 맞춰 특별히 고안된 움직임 활동을 의미한다. 정해진 안무를 배우는 것이 아니라, 내담자가 자신의 몸을 통해 감정을 표현하고 문제를 해결할 수 있도록 돕는 창의적이고 즉흥적인 움직임이다. 다음은 내담자의 상황에 따른 구체적인 치유 무용의 예시이다.

1) 우울증 및 무기력증 내담자

- 문제 상황 : 에너지가 부족하고, 몸의 움직임이 작고 느리며, 외부와 단절된 느낌을 받는다.
- 확장적 동작 : 팔을 위로 뻗거나 넓은 공간을 사용하며 춤을 춘다. 이는 내면의 에너지를 바깥으로 표출하고, 삶의 활력을 되찾는 데 도움을 준다.
- 리드미컬한 움직임 : 빠르고 경쾌한 음악에 맞춰 발을 구르거나 몸을 흔드는 동작을 통해 무기력한 몸에 에너지를 불어넣고, 긍정적인 감정을 유도한다.

2) 불안 및 긴장감 내담자

- 문제 상황 : 몸이 경직되어 있고, 호흡이 얕으며, 내면의 불안감으로 인해 편안함을 느끼지 못한다.
- 이완 동작 : 어깨를 으쓱거리며 긴장을 풀거나, 부드럽고 유연한 스트레칭 동작을 통해 몸의 긴장감을 해소한다.
- 접지(Grounding) 동작 : 발바닥 전체로 바닥을 느끼며 걷거나, 몸의 무게를 바닥에 실어주는 동작을 통해 불안한 마음을 안정시키고 현재에 집중하도록 돕는다.

3) 자존감 저하 내담자

- 문제 상황 : 몸을 웅크리거나 시선을 피하고, 자신의 존재를 드러내려 하지 않는다.
- 존재감 확인 : 바닥에 앉아 자신의 몸의 크기를 손으로 짚어보고, 점차 팔다리를 뻗어 공간을 확장하는 동작을 통해 자신의 존재를 인식하고 받아들이게 한다.
- 거울 기법 : 치료사가 내담자의 움직임을 따라 하면서 내담자가 자신의 동작

을 객관적으로 보게 한다. 이는 자기 수용과 긍정적인 신체 이미지를 형성하는 데 도움을 준다.

4) 외상(트라우마) 경험 내담자
- 문제 상황 : 트라우마로 인해 자신의 몸과 분리된 느낌을 받거나, 특정 신체 부위에 대한 거부감이 있다.
- 경계 설정 : 자신만의 안전한 공간을 춤으로 설정하고, 그 안에서만 움직이는 경험을 통해 심리적 안전감을 느낄 수 있게 한다.
- 느린 움직임 : 매우 느리고 조심스러운 움직임을 통해 자신의 몸에 대한 감각을 하나씩 되찾아간다. 이는 몸과 마음의 연결을 회복하고, 트라우마 기억을 안전하게 통합하는 데 필수적이다.

이러한 치유 무용은 내담자의 상황에 맞춰 즉흥적으로 진행되며, 정답은 없다. 중요한 것은 내담자가 자신의 몸짓을 통해 스스로를 이해하고, 문제를 극복할 힘을 발견하는 것이다.

다. 행동변화 촉진

상담의 가장 핵심은 내담자가 문제해결을 위해 자신이 설정한 목표대로 행동을 변화시켜가도록 촉진하는 것이다. 따라서 무용심리상담사는 내담자의 행동 변화를 촉진하기 위하여 내담자의 잠재 능력의 위대함을 계속 일깨워주며, 서서히 변화하는 모습을 확인 시켜 줌으로써 내담자에게 자신감을 심어주어야 한다. 이러한 자신감은 강한 동기를 부여하여 원하는 문제해결을 위한 목표를 달성하도록 도와준다.

그러나 무용심리상담사가 아무리 변화를 촉진한다고 해도 내담자의 행동

변화를 가져오는 것은 쉽지 않다. 왜냐하면 사람은 지금까지 살아온 습관이 있으며, 세상을 살면서 자기도 모르는 사이에 편해지고 싶다는 사고가 굳어져 있기 때문이다. 누구든지 자신의 행동을 바꾸고 싶다면 우선 사고하는 '버릇' 혹은 '습관'을 점검하고 고쳐야 한다. 결국 행동을 바꾸려면 먼저 사고부터 전환해야 한다.

상담 중에 빠른 문제해결을 기대하는 내담자에게 상담 과정은 길게만 느껴질 수 있다. 그러나 문제해결을 위해서는 본인의 노력 여하에 따라 결과가 달라질 수 있음을 알려주어 적극적인 의지를 가지고 행동을 변화하도록 해야 한다.

성격이 급한 내담자는 바로 결과가 나오길 바란다. 따라서 상담 과정이 길면 길수록 실망을 느껴서 스스로 포기하는 경우가 있다. 그러나 지금 진행 중인 상담이 당장에는 의미가 없을지 모르지만, 나중에는 큰 도움이 될 수 있다는 것을 알려주며 인내를 갖고 상담에 참여하도록 해야 한다.

또한, 의지가 약한 내담자는 상담 도중에 자신의 생각과 다른 결과가 나타나면 쉽게 좌절할 수 있다. 이러한 상황에서는 조금만 인내하면 좋은 결과가 올 것이라는 희망과 기대감을 주어 상담에 참여하도록 해야 한다. 예를 들어 문제를 해결할 때 얻을 수 있는 위치나 이익에 대하여 이미지 트레이닝을 해보면, 변화하고 싶은 행동을 유발하는 효과가 있다. 또는 반대로 문제를 해결하지 못하거나 중간에 포기했을 때를 상상하게 해보면, 자신이 불행해질 수 있다는 생각이 들어 문제를 해결하려는 적극적인 동기를 유발하는 효과를 가져 온다.

06 | 피드백

　상담의 마지막은 피드백 단계이다. 피드백을 하는 이유는 지금까지 상담의 목표를 세운 대로 얼마나 달성했는지를 평가하고 그에 따라 부족한 부분을 메꾸고 이끌어 주기 위한 것이 피드백 단계이다.

　피드백의 주기는 통상적으로 상담을 실시한 후 1주일이 지나면 1차 피드백을 한다. 그리고 주기적으로 1주마다 피드백을 한다. 마지막 피드백은 최종적으로 상담이 끝나는 날 하게 된다. 피드백의 주체는 내담자 자신이 할 수도 있고, 무용심리상담사가 해 줄 수도 있다. 그러나 상담이 종료되는 시기에 하는 최종 피드백은 반드시 무용심리상담사가 해야 한다.

　피드백의 평가요소는 첫째, 무용을 마치고 나서 정한 목표 이행에 충실했는가?, 둘째, 목표에 따라서 나의 행동이 얼마나 변화를 했는가?, 셋째, 목표를 달성하기 위하여 문제점은 없는가?, 넷째, 목표 달성을 위하여 현재의 방법이 지속되어도 좋은가 아니면 일부 수정을 해야 하는가? 등이다.

　피드백의 목적은 피드백을 통해서 단기 목표를 새로 정하거나 수정해야 한다. 단기 목표를 새로 수립할 때는 피드백의 결과에 따라 목표를 달성한 것과 달성하지 못한 것으로 구분하여 달성하지 못한 것에 대해서는 집중적으로 이루어져야 한다.

　상담이 종료되지 않은 경우에는 단기 목표를 새로 정하거나 수정하는 것이 얼마든지 가능하지만, 최종 피드백의 결과를 반영하기 위해서는 내담자의 동의가 있어야 한다. 계약한 상담 과정이 종료하였기 때문이다. 따라서 내담자가 상담 계약 기간의 연장에 동의하거나 사안에 대해서만 지속적으로 받기를 원한다는 승낙이 있어야 한다.

07 | 상담 종결

내담자가 느끼는 문제가 해결되어 내담자가 상담을 마쳐도 무리가 없을 단계에서 상담을 끝낸다. 너무 일찍 상담을 정리할 경우 내담자가 불안을 느끼며, 반대로 종결을 적절히 못한 경우는 무용심리상담사나 내담자 모두 지루함을 느끼므로 종결을 잘해야 한다.

종결은 무용심리상담사의 판단에 의한 종결과 내담자의 제안에 의한 종결할 수 있으나 갑작스럽게 종결될 수도 있다. 그래서 적당한 시기에 종결을 해야 하지만 그렇게 쉬운 일은 아니다. 종결하기 전에 내담자가 같은 상황에 부딪칠 경우 대응 방법을 연습하는 것도 반드시 거쳐야 할 과정이다.

또 내담자의 문제가 무용심리상담사로서는 이미 해결할 수 없을 경우나 다른 감정적인 문제로 상담을 지속할 수 없는 경우, 다른 무용심리상담사에게 의뢰하거나 전문인에게 의뢰하여 상담을 정리하는 것도 한 방법이 된다.

가. 연장 협의

상담 종결 시까지 내담자의 상담목표에 현저히 도달하지 못했을 때 내담자가 회기연장을 요청하는 경우 상담자가 연장 여부를 협의한다. 그러나 무용심리상담사가 판단하여 상담이 더 필요할 경우 내담자에게 상담을 연장할 것인지 의사를 물어서 연장하는 것이 바람직하나,

연장은 비용이 들기 때문에 반드시 내담자의 동의를 구해야 한다. 상담 연장을 잘못하게 되면 무용심리상담사가 유료 상담을 권유한 것처럼 보일 수 있으며, 그로 인하여 컴플레인이 발생할 수 있기 때문에 신중하게 동의를 구해야 한다.

연장하기로 협의하였다면 무용 전문기관에 회기연장 가능여부와 연장의 기준을 확인하고 진행해야 한다. 만약 무용 전문기관에 확인하지 않고 임의로 진행하게 되면 분쟁의 소지가 발생하게 된다.

내담자가 유료상담에 대하여 부담을 느끼면 더 유료상담에 대한 안내를 하지 말고, 무료상담을 받을 수 있는 기관을 안내해주거나, 다음 연도에도 올해 계약된 무용 전문기관과 재계약된다는 가정하에, 자신을 다시 찾으면 상담이 이어질 수 있다는 것에 대해 안내해 주어 내담자의 부담을 덜어주어야 한다.

나. 지속적인 관심

상담이 끝났다고 해서 바로 인간관계를 끝내는 것은 아니다. 상담의 종료는 상담을 종료한 것이지 인간관계는 지속됨을 의미한다. 따라서 지속적인 만남을 통해서 내담자의 변화를 점검해 주고, 격려해 주는 관심이 필요하다.

대부분 상담이 끝났다는 것은 무용심리상담사의 목표가 어느 정도 달성되었다는 것을 의미하지만, 혼자 상담의 목표를 습관으로 만드는 것이 어려울 수 있다. 그래서 상담을 받을 때는 효과가 있지만 상담이 끝난 후에는 다시 원상태로 돌아가는 것을 막기 위해서는 지속적인 만남을 통한 관심을 가져주어야 한다.

지속적인 만남은 꼭 면대면의 만남이 아니어도 좋으며, 전화나 문자를 통해서도 충분히 가능하다. 지속적인 만남은 내담자의 필요에 의해서 이루어지기도 하지만 무용심리상담사의 제안에 의해서 이루어지기도 한다. 기간은 대략 분기별 또는 월별 1회 정도가 적당하다.

제9장
다른 심리치료와의 비교

01 | 심리치료 간의 차이점

　급변하는 사회, 인간성의 상실, 나날이 더해지는 경쟁은 다양한 심리적 문제를 야기하고 있다. 실제 치료라는 명사가 붙은 것이면 너도나도 관심을 가지게 될 만큼 우리는 여러 가지 치료가 필요한 시대에 살고 있다.

　이에 따라 여행치료, 미술치료, 음악치료, 놀이치료, 무용치료, 연극치료, 모래놀이치료, 노래치료, 글쓰기 치료, 시치료, 향기치료, 색채 치료, 독서치료 등이 수도 없이 만들어지고 있다. 이러한 치료들은 처음에는 심리치료의 보조 수단으로 쓰였지만 이제는 하나의 독립된 치료 영역으로 발전해 가고 있는 추세다.

　또한 사회가 점차 세분화되어 감에 따라 각 문제의 부분을 해결하기 위해서 다양한 치료방법이 만들어지고 있는데, 이러한 치료 방법들은 제각각 장점을 가지고 있기 때문에 어떤 것이 가장 좋다고 말하는 것은 어렵다. 그러나 새롭게 등장하는 무용치료에 대한 가치를 인식하기 위해서는 기존에 활동되고 있는 다른 치료들과의 객관적인 비교가 있어야 하겠다.

　무용치료와 다른 심리치료의 가장 중요한 차이는 다른 치료는 도구를 가지고 하는 것에 비하여 무용치료는 무용을 가지고 무용을 하면서 치료를 하는 것이다. 다른 치료에서는 내담자가 기법을 배워서 참여해야 하므로 상담에 수동적으로 참여할 수도 있으나, 무용치료는 사람을 행복하게 하는 무용을 가지고 하기 때문에 주도적으로 참여할 수 있다는 장점을 가지고 있다.

〈표 9-1〉 심리치료 간의 차이

구분	여행치료	요리치료	미술치료
매체	여행	요리 재료, 요리 활동	미술
대상	전체	전체	미술을 할 줄 아는 나이
성격	자기주도적	자기주도적	자기주도적
감각자극	미각, 청각, 후각, 시각, 촉각 등 오감 자극	미각, 청각, 후각, 시각, 촉각 등 오감 자극	시각, 촉각
경험	직접 경험	직접 경험	직접 경험
창의성	여행하는 도중에 자연스럽게 형성	요리 활동을 하는 도중에 자연스럽게 형성	미술활동을 하는 도중에 자연스럽게 형성
표현 방법	말하기	그리기, 만들기, 먹기, 말하기, 쓰기	그리기, 만들기
다양성	여행지, 여행방법, 여행 목적에 따라 다양	요리 재료, 요리방법과 목적에 따라 다양	미술로 한정
장점	- 교육기능 - 건강 기능 - 진단기능 - 치유 기능 - 치료 기능	- 협응력 - 대소근육 조절 능력 - 정밀한 조작능력 - 편식 습관 개선 - 위생관념 형성 - 예절 교육 - 스트레스 해소 - 도구 사용법 습득	- 협응력 - 대소근육 조절 능력 - 정밀한 조작능력

구분	음악치료	독서치료	모래놀이치료
매체	음악, 악기	문학 작품, 인쇄된 글, 시청각 자료, 참여자 작품	모래
대상	전체	글을 읽을 줄 아는 나이	전체
성격	수동적	수동적	자기주도적
감각자극	청각	시각	시각, 촉각
경험	직접 경험	간접 경험	직접 경험
창의성	음악을 들으면서 자연스럽게 형성	토론, 논술을 통해서 형성	모래놀이를 통해 형성
표현방법	듣기, 연주하기, 춤추기	토론, 역할놀이, 창의적인 문제 해결 활동	그리기, 구성하기, 말하기
다양성	음악으로 한정	독서로 한정	모래놀이로 한정
장점	- 마음 안정 - 스트레스 해소 - 악기 사용법 습득	- 사고 기능이 넓어짐	- 협응력 - 대소근육 조절 능력 - 정밀한 조작능력 - 스트레스 해소 - 도구 사용법 습득

02 | 여행치료

　여행치료(Tour Therapy)는 내담자가 여행을 통해 자신의 정서적 상태를 긍정적으로 변화시키거나 심리적 문제를 치료하기 위한 다양한 형태의 체험을 제공하는 심리상담기법이다.
　치료여행은 내담자의 정신적, 심리적 문제에 따라 여행지를 선택하고 여행 과정에서 치료될 수 있도록 한다. 따라서 여행치료는 개인이 가지고 있는 여러 정신적 외상이 활동 과정에서 표현됨으로써 긴장과 불안을 해소하게 한다. 더불어 정신적, 신체적 문제를 극복하고 해결하는 데에 도움을 주는 심리학적 치료법 중 하나라 할 수 있다.

가. 여행치료 방법

　심리 치료의 일종인 여행치료는 여행을 통해 감정과 내면세계를 표현하고 여행이 주는 정서적 장점을 활용해 자연스럽게 심리적 문제를 해결하고 치료하는 방법이다. 말로 표현하기 어려운 생각이나 느낌을 여행에서 표현함으로써 안도감과 감정 정화를 경험하게 하고, 내면을 돌아봄으로써 자아성장을 촉진하는 치료법인 것이다.
　심리치료가 가능한 것은 자신이 가진 문제를 여행의 즐거움 속에서 능동적으로 치료할 수 있다는 데에 있다. 이러한 능동성으로 인해 더 강력한 효과를 기대할 수 있다.
　여행치료는 여행의 장점을 활용해 내담자의 심리적, 행동적 문제를 자아표현, 자아수용, 승화, 통찰 등의 과정으로 해소함으로써 자아성장을 촉진하는 심리치료의 분야이다. 여행을 준비하거나 계획하는 단계에서도 일상의 스트레스를 해소하고 삶의 활력을 찾을 수 있기에 이는 여행치료의 시작이라고 할 수 있다. 더불어 여행 중이나 여행이 끝난 뒤 몸과 마음이 편안하고 행복감을 느끼거나 삶의 활력을 되찾았다면 이 역시 여행 치료라고 할 수 있다.

나. 여행치료의 진단

① 여행은 신체를 다양하게 움직여야 하기에 건강을 필요로 한다. 따라서 여행 과정에서 내담자의 움직임, 특히 걷는 모습과 이동거리를 통해 건강 수준과 근력 상태를 진단할 수 있다.

또한, 이동과 반응 속도에 따라 민첩성을, 손에 내리는 명령 일치도에 따라 협응력도 진단할 수 있다. 여행 중에 오감이 반응하는 모습을 통해서는 감각의 민감성과 상태를 진단할 수 있다.

② 언어능력은 다양한 언어를 구사하고 많은 문장 표현을 만들 수 있는 잠재적 능력을 의미한다. 내담자는 여행지와 경관에 대한 설명, 역사적 정보 등을 여행심리상담사에게서 듣고 대화를 나눈다. 이 과정에서 여행심리상담사는 내담자의 단어 및 어휘력을 진단할 수 있다.

③ 여행지에 대한 지식과 정보를 얼마나 이해했는지를 통해 인지 능력을 진단할 수 있다. 또한, 여행지에 대한 지리적 특성 이해를 통해 공간지각능력을 진단할 수 있으며, 여행 후 기억하는 여행지 정보량에 따라 암기력도 진단이 가능하다.

④ 내담자는 여행하는 동안 다양한 사람을 만나게 된다. 다른 사람과 대화하는 모습에서는 내담자의 성격, 인격, 소질, 능력, 대인 관계 능력 등이 자연스럽게 표출된다. 여행심리상담사는 이를 통해 내담자의 사회성을 진단할 수 있다.

⑤ 내담자는 여행을 하며 본래 갖고 있던 내면의 정서나 여행지에서 얻은 정서를 자연스럽게 드러낸다. 특히 자신의 감정이나 정서를 언어로 표현하기 어려운 경우 여행치료는 더없이 좋은 정서 표현의 수단이 된다. 여행심리상담사는 내담자의 표현을 통해 정서 상태를 진단할 수 있다.

⑥ 여행 과정에서 내담자의 정신적인 문제는 자연스럽게 드러난다. 여행심리상담사는 내담자의 행동과 정서 표현을 통해 정신적 문제점을 진단할 수 있다.

다. 여행치료의 효과

① 자신이 가진 정서적인 문제를 해결할 수 있다.

내담자가 여행을 하면서 기쁨, 슬픔, 불안, 좌절, 공포, 분노 등 다양한 감정이 표현되는데, 이렇게 다양한 감정표출을 통해 내담자의 정서 부적응이나 기타 문제행동이 자연스럽게 치료될 수 있다.

② 자신이 가진 문제의 불안과 긴장을 해소시킬 수 있다.

여행 과정에서 내담자가 자신의 심리적 문제를 자연스럽게 표현한다는 데에 있다. 심리적으로 불안하거나 스트레스를 심하게 받은 내담자는 여행 중에 아름다운 경관을 봄으로써 자연스럽게 불안과 긴장을 해소할 수 있다.

③ 자신이 가진 문제를 스스로 극복하게 돕는다.

여행치료는 여행하며 내담자가 가진 문제점이 무엇인지, 해결방법이 무엇인지에 대해 스스로 통찰력을 갖게 한다. 이러한 통찰은 자신이 가진 문제에 긍정적이고 적극적으로 대응하도록 유도함으로써 문제를 스스로 극복할 수 있게 한다. 예를 들어 자신감을 상실해 부정적인 생각을 많이 하던 내담자는 여행을 하면서 자신의 가치에 대해 새로운 생각을 가짐으로써 자신감을 회복하고 긍정적인 삶을 살 수 있다.

④ 심신을 정화 해준다.

여행치료는 내담자가 일상에서 벗어나 새로운 경험을 하고 앞으로의 생활을 재구성하도록 함으로써 마음을 정화하는 수단이 된다. 예를 들어 불편한 것에 대해 두려움이 많던 내담자의 경우 여행을 하면서 인식을 전환하여 불편함을 즐길 수 있게 되거나 적어도 싫어하지는 않게 될 수 있다.

⑤ 정서적으로 안정감을 갖는다.

여행이 주는 매력이 많기 때문에 여행치료는 내담자가 여행에 집중할 수 있게 한다. 여행에 집중하게 되면 내담자가 이전에 갖고 있던 정신적 문제를 망각함으로써 정서적 안정감을 가질 수 있다.

⑥ 신체적 기능을 회복한다.

질병이나 장애로 인해 신체기능이 손상되었다면 여행지에서 좋은 환경을 접하고 적절한 유산소 운동을 함으로써 원래의 기능을 회복할 수 있다. 여행치료는 개인의 정신적, 신체적 건강을 복원하고 향상하는 데에 도움을 준다.

⑦ 사회적 능력을 회복한다.

여행 과정에서 많은 사람을 만남으로써 사회적 능력을 회복할 수 있는 효과가 있다. 심한 우울증으로 대인 관계를 꺼리던 내담자가 여행을 통해 좋은 대인관계를 구축할 수 있게 된다.

03 | 요리치료

　요리치료(Cooking Therapy)는 다양한 정신적인 외상들을 요리활동을 통해 표현하게 함으로써, 개인이 가진 긴장과 불안을 해소하고, 정신적, 신체적인 문제를 극복하고 해결하도록 도움을 주는 심리학의 치료방법 중 하나이다.

가. 요리치료 방법

　요리를 통해 심리치료가 가능한 것은 요리하는 과정과 만들어진 요리가 우리 내면의 정신세계와 외면의 현실세계를 구체적으로 표현해주고, 또 그것을 먹을 수 있기 때문이다. 그래서 요리치료는 다른 어떤 치료에 비해 강력한 치료적 성격을 가지고 있다.

　과거에는 먹고 살기 위한 생존적 차원의 요리였으나, 지금의 요리는 인생을 즐기기 위한 방편으로 여긴다. 따라서 요리는 그 자체만으로 인간에게 굉장히 흥미로울 수밖에 없는 것이다.

　요리는 누가 가르치지 않아도 기본적으로 습득 가능한 기능이기도 하고, 취미나 특기, 그리고 직업으로서도 각광받고 있는 분야이다. 이렇듯, 요리를 하는 것은 웬만하면 대체로 흥미를 가지고 있기 때문에 요리치료는 참가자들이 즐거운 분위기에서 적극적으로 임하게 된다는 점에서 쉽게 접근할 수 있는 교육이자 치료이기도 하다.

　요리를 통해 심리치료를 할 수 있는 이유는 요리는 인간의 생리적 욕구를 충족시키는 중요한 통로이며 생활의 한부분이기 때문이다. 더욱이 매일 먹는 요리재료들은 자신의 심상을 표현해놓은 것이기도 하다. 하지만 요리는 생명을 유지하기 위한 활동이기도 하다. 그러나 자신의 상상력과 경험을 바탕으로 이루어진다는 데서 다른 치료와 근본적으로 다르다고 할 수 있다.

나. 요리치료의 진단

① 요리치료를 통해 내담자의 대근육 발달 정도, 근력상태를 진단할 수 있다.
② 요리치료를 통해 내담자의 언어능력을 진단할 수 있다.
③ 요리치료를 통해 내담자의 인지능력을 진단할 수 있다.
④ 요리치료를 통해 내담자의 사회능력을 진단할 수 있다.
⑤ 요리치료를 통해 내담자의 정서 상태를 진단할 수 있다.
⑥ 요리활동 자체가 진단의 대상이 될 수 있다.

다. 요리치료의 효과

① 요리치료에는 내담자의 기쁨, 슬픔, 불안, 좌절, 공포, 분노 등 다양한 감정이 표현되는데, 이렇게 다양한 감정표출을 통해 내담자의 정서 부적응이나 기타 문제행동이 자연스럽게 치료될 수 있다.

② 자신이 가진 문제의 불안과 긴장을 해소시킬 수 있다. 요리치료의 이론적 근거는 내담자가 요리치료를 통해서 자연스럽게 자신의 심리적 문제를 표현한다는 데 있다. 즉 심리적으로 문제를 지닌 내담자에게 요리치료를 시키면 내담자는 스스로 자연스럽게 요리를 하면서 자신의 문제를 표현하면서 문제의 불안과 긴장을 해소시킬 수 있다는 것이다.

③ 자신이 가진 문제를 스스로 극복하게 돕는다. 차츰 자신의 문제에 대한 통찰력을 갖게 될 수 있는데, 이러한 통찰은 내담자에게 좀 더 긍정적이고 적극적인 방향으로 문제에 대응하도록 이끌어줌으로써 결과적으로 문제를 스스로 극복하게 도와준다.

예를 들어 자신감을 상실해서 무엇이든 자신이 없다고 생각하는 내담자가 간단한 요리를 만들어냄으로써 자신감이 생겨 자신의 가치에 대한 생각이 전환되고 성공에 대한 강한 신념을 갖는 것이다.

④ 정화해준다. 요리치료는 내담자가 겪는 일상의 경험과 앞으로의 생활을 재구성함으로써 내담자가 본래 가지고 있는 가장 자연스러운 자기 치료의 수단이 될 수 있다.

예를 들면 편식이 심한 내담자가 요리치료를 하면서 평소 자신이 싫어하던 음식에 대한 인식이 바뀌게 되는 것이다.

⑤ 정서적으로 안정감을 갖는다. 요리치료는 재료를 가지고 조리법에 따라 요리를 만들기 때문에 일정한 시간이 소요된다. 따라서 인내력이 길러져 정서적 안정감을 유지할 수 있다.

⑥ 신체기능을 회복시켜준다. 요리치료는 질병이나 장애, 혹은 노화로 손상된 개인의 정신건강과 신체건강을 복원시켜주고 향상시켜 줄 수 있다.

예를 들어 심한 우울증으로 대인관계 유지가 어렵고, 집중력이 현저히 떨어져 직장생활을 제대로 수행할 수 없는 사람이 요리치료를 통해 이전의 기능이 회복될 수 있는 것이다.

04 | 미술치료

　미술치료(Art Therapy)는 18세기 후반부터 유럽에서 정신 병리 진단 시 보조 도구로 사용되었다. 산업화로 인한 인간성 상실이 사회 문제 및 정신 병리적 문제로 대두되면서 20세기 중반부터 본격적으로 연구되었다.
　심리치료 방법 중 가장 많은 연구와 임상을 거친 분야가 미술치료이다. 미술치료는 미술의 표현 방법과 치료라는 영역이 합쳐져 이론으로 정립된 것이다. 영어로 Art therapy라고 하며, 예술치료, 예술요법, 미술치료, 회화요법 등으로 번역된다. 그림 뿐 아니라 조소, 디자인, 공예, 서예 등 미술 전 영역을 포함한다.
　미술치료의 목적은 개인이 가지고 있는 사회적 관계의 어려움, 거기서 비롯된 정서적 불안이나 문제 상황을 표출하게 함으로써, 개인의 내면적 문제를 발견하여 해결하도록 하여 건강한 삶을 영위하도록 돕기 위한 것이다. 한편, 개인의 무의식을 탐구하게 할 수도 있다.
　미술치료의 진단 방법은 회화요법, 묘화 요법, 그림 요법 등 다양하다. 표현 방법에는 그림, 조소, 디자인, 서예, 공예 등이 있다. 다른 치료에 비하여 이러한 미술표현 방법들을 다양하게 혹은 복합적으로 활용할 수 있어 내담자의 상태를 보다 객관적으로 볼 수 있다. 미술치료의 장점은 다음과 같다.

가. 미술은 심상의 표현

　우리는 말로 표현하기 전에 떠오른 심상(image)으로 사고한다. 예를 들어, 엄마라는 말을 하기 전에 엄마에 대한 심상을 떠올릴 것이다. 이렇듯 미술치료에서는 꿈이나 환상, 경험을 말로 해석하기보다 심상으로 그린다는 점이 독특하다. 그리고 생애 초기 경험이 중요한 심상의 요소가 된다.

나. 비언어적 수단

　심상과 밀접한 관련이 있는 것이 방어기제이다. 우리는 우리의 심상을 언어화하는 데 익숙하다. 그 과정에서 방어기제가 발동되기 쉽다. 그런데 그림은 비언어적 수단이며 심상을 언어화하려는 데 작용하는 방어기제의 통제를 적게 받게 된다. 따라서 미술치료는 내담자의 방어기제를 감소시킬 수 있다는 이점이 있다.

　그러나 때로는 창작자의 의도와 달리 혹은 완전히 반대로 그림이나 조소 작품이 제작될 수 있다. 이런 점이 미술치료의 가장 흥미로운 잠재성 중 하나인데, 이런 예상치 못했던 인식이 가끔씩 환자의 통찰이나 학습, 성장으로 유도될 수 있다.

다. 구체적인 유형의 자료

　미술치료에서는 눈으로 볼 수 있고 손으로 만져 볼 수 있는 구체적인 유형의 자료가 내담자로부터 즉시 생산될 수 있다. 이러한 미술치료의 측면은 많은 의미를 가진다. 예컨대, 내담자가 만든 어떤 유형의 대상화를 통해서 무용심리상담사와 내담자 사이에 하나의 다리가 놓인다. 저항적인 내담자라면, 내담자의 그림을 통해 접근하는 것이 더 용이하다고 할 수 있다.

　또한, 내담자의 감정과 사고 등이 미술 작품을 통해 구체화되기 때문에 어느 순간 무의식중에 자신이 만든 작품을 보고 자신의 실존을 깨닫게 되기도 한다. 미술치료에서 어떤 내담자는 단 한 번의 작품에서 자신을 발견하기도 한다. 반면 저항이 강한 사람은 시간이 오래 걸린다.

라. 자료의 영속성

미술 작품은 보관이 가능하기에 내담자가 자신이 만든 작품을 필요에 따라 재검토함으로써, 치료 효과를 높일 수 있다. 이때 새로운 통찰이 일어날 수 있다. 또 내담자가 이전 작품을 다시 음미하면서 당시에 느꼈던 감정으로 돌아가기도 한다. 다시 말해, 미술 작품이 주관적 기억 왜곡을 방지할 수 있다는 말이다. 또한, 치료 과정에서 제작한 작품을 살펴보게 되면 작품 변화를 발견할 수 있고, 치료 과정을 한눈에 이해할 수 있다는 점에서, 치료하는 상담사는 내담자의 생생한 목소리를 들을 수 있는 장점이 있다.

마. 미술의 공간성

미술 표현은 언어와 달리, 문법이나 논법 등 규칙이 필요 없다. 시간적이지 않고 공간적이며 공간 속에서의 연관성들이 발생한다. 이를테면, 우리가 가족을 소개할 때에도 언어로 한다면, 먼저 아버지, 어머니를 소개하면서 두 분의 관계. 형제들과 그들의 관계 그리고 나서 이 모든 식구들과 나와의 관계를 순차적으로 말할 것이다. 하지만 미술로 표현한다면, 하나의 그림으로 동시에 가족을 소개할 수 있다. 또 가족 간의 친밀한 정도, 각 가족에 대한 개인의 느낌 정도, 가족의 성격, 가정의 분위기 등이 한 작품 속에서 한 번에 소개가 될 수 있다는 말이다.

바. 창조성과 에너지

대체로 미술 치료를 하기 전에는 내담자의 신체적 에너지가 다소 떨어져 있다. 하지만 미술 작업을 진행하고, 감상하고, 토론하며, 정리하는 과정에서 참가자들은 대부분 활기찬 모습으로 바뀐다. 따라서 미술 작업은 단순한 신체적 움직임이 아닌 창조적 에너지가 발산되는 것이라 볼 수 있다.

미술치료의 효과를 보면 다음과 같다.

① 내담자가 그린 그림 속에는 자신만의 감정과 생활을 반영한 비언어적 표현이 감추어져 있다. 따라서 자유로운 그림 표현을 통해 내담자는 자신의 속마음을 거부감 없이 내놓는 동시에 언어가 주는 표현의 어려움과 두려움의 완충제 역할을 해주기 때문에 우울증을 감소시킨다.

② 내담자가 가질 수 있는 불행한 자기감정이나 고독감을 창조적인 미술치료 활동을 통해 감소시킬 수 있다. 내담자는 결과물을 보며 자신이 성취하였다는 뿌듯함과 기쁨을 누리게 되는데, 이러한 감정은 자기효능감을 갖게 함으로써 삶에 대해 긍정적인 시각을 가지도록 한다.

③ 치매환자의 경우라면, 붓이나 펜 등의 미술도구를 사용하면 내담자의 굳어진 소근육을 사용하게 하므로 신체적으로도 건강에 도움을 준다.

④ 미술은 평면적이고 입체적인 활동을 통해 시각적 집중력과 발달을 도와줌으로써 공간지각능력을 높인다.

⑤ 미술치료 활동을 집단으로 하면 내담자는 집단구성원으로서 소속감을 가지고 집단의 공통적 어려움을 공유하게 된다. 또한, 자신의 행동을 집단의 피드백을 통해 알게 되므로 타인에게 미치는 서로 간의 행동에 관심을 가지면서 자신의 내면에서 일어나는 감정변화에 따른 행동변화에 영향을 미친다.

⑥ 타인에게 자신을 표현하는 데 어려움을 가진 내담자는 그림이라는 매체를 통해 의사소통할 수 있으므로 좀 더 쉽게 원만한 대인관계를 형성할 수 있다.

⑦ 합동으로 작품을 만드는 미술활동에 참여하면 협동의식을 통해 타인의 감정을 인식하고 이해함으로써 적절한 대인관계를 개선시킬 수 있다.

05 | 음악치료

　음악치료(Music Therapy)는 음악을 매개체로 하여 내담자를 도와 건강을 회복시키거나, 개인의 문제를 해결한다거나, 변화를 이끌어내는 치료 과정을 말한다. 치료의 방도로서 음악을 사용한 것은 플라톤이나 아리스토텔레스가 살았던 시대에도 있었을 정도로 오래된 일이다.

　본격적으로 음악치료가 시도된 것은 20세기, 제2차 세계대전 이후부터라고 할 수 있다. 전문 음악가는 물론, 아마추어 음악가들이 전쟁 속에서 육체적, 정서적 장애를 얻어 고통 받고 있던 수많은 재향군인을 위해 연주를 하면서 시작되었다. 음악을 듣고 싶어하는 내담자들이 욕구는 의사와 간호사들을 움직여 병원에 음악인을 고용하게 만들었다. 그리고 음악인들이 내담자들의 치료를 위해 병원에 들어가기 전, 훈련이 필요하다는 것이 중요하다고 증명되었으며, 마침내 1944년에 미국 미시간 주립대학교에 세계에서 처음으로 음악치료 학위 과정이 만들어졌다.

　우리나라에 음악치료가 도입된 것은 얼마 되지 않았고, 학계의 음악치료에 대한 정의도 여러 차례 변화를 겪어왔다. "음악 활동을 체계적으로 사용하여 사람의 신체와 정신 기능을 향상시켜 개인의 삶의 질을 높이고 보다 나은 행동의 변화를 가져오게 하는 음악의 전문 분야"라는 것이 현재 한국음악치료 학회가 말하는 음악치료의 정의다.

　음악치료의 대상은 정신 장애나 발달 관련 장애를 가졌거나, 알츠하이머 등 노화와 관련된 질병들을 가졌거나, 후천적인 외상으로 고통 받았거나, 뇌 손상을 입었거나, 육체적 질환으로 만성적인 고통을 가지고 있는 사람들이다. 물론, 건강한 사람도 음악치료를 통해 삶의 질을 높일 수 있다.

음악치료는 음악 듣기, 연주하기, 음악을 들으며 춤추기 등을 통해 이루어진다. 음악이 치료 도구일 수 있는 것은 음악이 인간행동이라는 점, 음악을 구성하는 요소 중 하나인 리듬은 음악의 조직이며 에너지원이라는 점이다. 또한, 음악은 시간 속에 존재하는 가상이 아닌 구조적인 현실이며, 장소나 사람의 수에 크게 구애받지 않고 자유롭게 적용될 수 있는 것이기 때문이다. 음악은 정보를 전달하고 학습이나 자극을 유도하여 환자의 내면세계가 열리도록 한다. 따라서 환자의 선호도, 경향 등을 파악하여 음악을 통해 의미 있는 경험이 환자에게 일어날 수 있도록 치료 환경을 만들어 낼 수 있다. 정현주(2005)에 의하면, 음악치료 영역에는 교육적 영역, 심리치료 영역, 의료 및 재활 영역 등이 있다고 한다.

가. 교육적 영역

특수교육기관, 장애 아동 기관, 일반 교육기관 등에서 대상자의 기능과 사회 적응에 필요한 기술과 학습에 필요한 개념을 습득하는 데 음악이 활용된다.

나. 심리치료 영역

음악 감상을 투사적 기법으로 이용하거나, 창의적이고 역동적인 즉흥 연주를 통해 카타르시스를 경험하게 하는 것, 때로는 음악 연주를 통해 자기 통찰 경험을 하게 하는 것까지, 음악치료는 대상에게 건강한 정신과 심리를 위해 자신에게 필요한 삶의 의미가 무엇인지, 자신의 가치는 어떠한지를 통찰해 낼 수 있게 한다.

다. 의료 및 재활 영역

대상자의 신체적, 심리적, 정신적 건강 증진에 초점을 둔다. 이상을 종합했을 때, 음악치료 시 기대되는 일반적 효과는 기분전환, 이완, 언어 구사력 향상, 책임감 향상, 사회성 향상(관계 개선), 상호 신뢰감 증진, 집중력 향상, 자신감 향상, 신체기관의 기능 회복, 자기표현 등이다. 이외에도 마음 안정, 스트레스 해소, 악기 사용법 습득과 같은 효과가 있다.

음악치료의 효과를 보면 아래 같다.

① 노래는 여러 시대의 인생을 반영하기에, 내담자는 노래를 듣거나 부르며 지나간 그 시절을 회상하게 된다. 따라서 시대별로 유행했던 친숙하고 익숙한 노래를 들려주거나 불러보게 함으로써, 과거를 회상하게 하면 장·단기 기억이 자극된다. 젊은 시절 자신이 좋아했던 노래나 음악을 감상하며 회상력과 장기기억력을 증진시킬 수 있다.

② 음악은 기억과 정서를 자연스럽게 자극하기 때문에 치매환자의 경우, 마음을 편안하게 이완시키는 데 효과적으로 사용될 수 있으며, 사회적 관계 증진과 성취감을 갖게 하여 삶의 존재가치를 높일 수 있다.

③ 그룹 활동으로 노래 부르기를 하면 표현을 통해 서로 교감하면서 사회 통합감을 높일 수 있다.

④ 간단하고 반복적인 음악을 들려주면 음악을 듣기 위해 집중력과 주의력을 강화시킬 수 있게 된다.

⑤ 타악기 연주는 신체기능이 저하된 내담자의 운동감각을 도울 수 있다. 또한, 연주과정에서 신체로 전달되는 촉각 반응과 음색과 공명 등의 청각 반응을 경험할 수 있다.

⑥ 악기를 연주하면 상지의 소근육 운동 능력을 향상시킬 뿐 아니라 신체 움직임의 강화로 신체 재활에도 효과적이다.

⑦ 타악기 연주활동은 내담자의 우울감을 감소시키고 자존감과 자기만족감을 상승시켜 긍정적인 언어를 사용하는 효과를 가져 온다.

06 | 독서치료

독서치료(Biblio Therapy)는 간단하게 독서 자료를 읽거나 듣는다. 그 후, 토론이나 역할놀이, 창의적인 문제 해결 활동 등의 과정을 거치며, 독서 자료로부터 문제에 대해 통찰할 힘을 끌어낼 수 있도록 돕는 것이다. 즉 독서치료는 발달이 부족하거나, 특정하고 심각한 문제를 가지고 있는 내담자가 다양한 문학 작품들을 매개로 하여 여행심리상담사와 일 대 일이나 집단으로, 토론, 글쓰기, 그림 그리기, 역할극 등, 여러 가지 방법의 상호 작용을 통해서 자신의 적응과 성장 및 당면한 문제들을 해결하는 데 도움을 얻는 것을 말한다.

독서치료가 다른 일반적인 독서와 다른 점은 책을 읽은 후에 구체적인 활동이 반드시 함께 일어나야 한다는 것이다. 독서치료 연구학회에 의하면, 독서치료는 발달적 독서치료, 임상적 독서치료로 나누어진다. 발달적 독서치료는 사람이 정상적인 일상의 과업에 대처하기 위해 문학작품을 활용하는 것이다. 예를 들어 아이들의 배변 훈련, 동생이 생길 때, 유치원에 처음 갔을 때 등 치료의 의미보다 전체적인 발달을 도울 수 있는 것을 말한다. 임상적 독서치료는 정서적으로나 행동 면에서 심하게 문제를 겪고 있는 사람들을 돕기 위해 개입하는 것으로, 특별한 문제에 초점을 두게 된다. 예를 들어 또래관계, 가족관계뿐 만 아니라 심지어 ADHD(주의력 결핍-과잉행동장애) 아동의 치료 방법이 되기도 한다.

독서치료에 사용되는 독서 자료는 문학 작품, 인쇄된 글, 영화나 비디오 같은 시청각 자료, 자신의 일기와 같은 내담자 자신의 작품 등을 말한다.

독서치료에서의 진단은 독서 자료를 읽은 후에 토론, 글쓰기, 그림 그리기, 역할극 등의 여러 가지 방법의 상호 작용 등을 통해 이루어진다.

독서치료의 효과를 보면 다음과 같다.

① 독서 치료는 상담자와 내담자 상호간의 교류를 통해서 자기 성찰을 하도록 돕는다. 나아가 자기 자신의 이미지를 정확하게 파악하여 왜곡된 대인관계를 교정할 수 있다.

② 집단 독서치료는 경험의 감정을 표현하는 데 어려움을 가진 내담자가 서로에게 자신을 드러내며 이해시키고 공감하게 함으로써 대인관계를 향상시킨다.

③ 노인의 경우, 책을 읽고 작품을 이해하면서 노후생활을 보다 만족스럽고 성공적으로 이끌어 생활만족도와 삶의 질을 향상시킨다.

④ 경제적 능력과 기동력이 감소되는 내담자에게 있어 비용이 저렴하고 접근이 용이하게 적용할 수 있다.

⑤ 책을 읽으면 다양한 단어와 내용을 접하면서 인지기능이 향상된다.

⑥ 책을 읽으면서 작품에 몰입하면 우울증에서 벗어날 수 있다.

07 | 모래놀이치료

　모래놀이치료(Sand Play Therapy)는 영국의 소아과 의사인 로웬펠드(Lowenfeld)에 의해서 만들어진 모래상자(tray)를 이용한 아동심리치료 기법으로 놀이치료기법 중 하나이다. 모래놀이치료는 아동이 모래놀이를 하면서 자신의 순간적인 사고를 표현하는 과정에서 사고의 전체를 표현하는데 있다. 그뿐만 아니라 모래놀이 치료는 매체로 모래를 사용하기 때문에 시각뿐만 아니라 촉감과 같은 감각 요소를 제공하여 아동에게 흥미를 유발한다.

　모래놀이가 효과를 보려면 모래상자가 아동이 흥미를 가질 수 있도록 만들어져야 한다. 다양한 상황을 표현할 수 있도록 질감과 색깔이 다양한 모래를 첨가한다. 또한 실제 모형의 축소판들을 나타내는 상징물이 많아야 한다. 모래판에 사용되는 상징물로는 사람모형, 동·식물 모형, 탈 것, 무기, 자연물, 구조물, 만화영화 주인공들, 날씨를 나타내는 입체 구조물, 종교적 상징물 등이 쓰인다.

　모래놀이 치료는 모래와 작은 모형들을 매개체로 아동의 무의식과 의식을 연결 지음으로써 치료가 이루어지는 과정이다. 이 기법은 언어가 별로 필요하지 않을 뿐 아니라 그림을 이용한 기법보다 아동의 심리적 부담을 줄일 수 있어 아동이 자기를 자유롭게 표현할 수 있다. 또한 모래놀이는 삼차원적으로 표현할 수 있다. 따라서 다른 기법에 비해 강한 충돌 표출이 가능하고 작품의 기록이 쉽다는 장점이 있다.

08 | 이야기치료

 어떤 예상이나 선입관이 전혀 없이 어떤 사람이 사물 그 자체를 파악하는 것은 어렵다는 후기 구조주의의 시각에서 출발한 것인 이야기치료이다. 이에 의하면, 세상에 대한 우리의 지식은 자신의 경험에서 나온 것이다. 따라서 무엇에 대해 안다는 것은 한계가 있는 지식이며, 다른 사람의 경험을 자신의 관점에서 주관적으로 해석하는 것에 지나지 않는다. 하지만 이야기치료를 하게 되면, 자신의 경험과 상상력을 활용하여 다른 사람이 언어화한 경험을 해석해 보려는 노력을 하게 된다. 다시 말하면 경험에 의미를 부여하는 해석과정 자체에 초점을 두는 것이다.

 이야기치료(Narrative Therapy)는 독서치료와 글쓰기 치료와 같이 이야기에 사람을 변화시키는 힘이 있다는 것을 전제로 한다. 이야기 치료는 내담자와 여행심리상담사가 직접 대화를 통해 이야기를 만들어가는 과정에서 치료가 일어나는 반면, 독서치료는 이미 만들어진 이야기를 매개로 한다는 점이 두 치료의 다른 점이다. 즉, 이야기 치료는 이야기를 만드는 과정에서 문제를 해결하거나 상처가 치료될 수 있다는 것이다.

 이야기치료는 언어에 의존한다. 이야기 치료에서 언어는 사물 세계를 그려내는 도구라기보다는, 사회적으로 만들어진 세계가 언어의 부산물인 것으로 본다. 결국 이야기 치료에서 치료의 효과를 보기 위해서 이야기를 수용하는 것은 내담자가 다른 사람들과의 상호 작용 안에서 자신이 존재한다고 받아들이는 것이다.

 이야기치료의 목표는 문제 해결보다는 내담자가 자기중심의 목소리에 지나치게 의존하고 있다는 사실을 깨닫게 함으로써, 선택의 폭을 풍부하게 가지도록 돕는 것이다. 더 나아가 내담자와 협력하면서 동시에 내담자와 다른 사람들을 연결하는 데 도움이 되는 방법을 강조한 새로운 이야기를 공동 제작하는 것이다.

이야기치료의 효과를 보면 다음과 같다.

① 개인이 가지고 있는 문제를 해결해준다. 내담자 자신이 가지고 있던 문제를 자연스럽게 이야기를 하다보면 풀리게 되는 경우가 많다.

② 스트레스가 해소된다. 평소에 제대로 표현하지 못했던 것을 충분히 표현하면 스트레스가 해소되면서 시상하부와 교감신경계가 안정돼 혈액순환을 비롯한 각종 신진대사가 안정적으로 이루어진다.

③ 친밀감을 제공한다. 다른 사람들에게 자신의 이야기를 하다 보면 서로 이해심이 많아지고 인간관계도 좋아진다.

④ 이야기치료는 사람들에게 말을 할 수 있다는 것만으로도 외로움에서 벗어날 수 있고, 우울증에서 벗어날 수 있다.

⑤ 이야기치료는 비용이 전혀 들지 않고 어디서든 할 수 있어 매우 효율적인 치료법이다.

09 | 동물매개치료

 1960대 정신과 의사인 보리스 레빈슨(Boris Levinson)은 대기실에서 진료받기 위해 기다리던 아이가 기다리는 동안 개와 놀면서 치료를 받지 않아도 회복된다는 놀라운 사실을 목격한다. 이에 정신과 치료의 부수적 치료로 동물매개치료를 활용할 것을 제안하였다.
 동물매개치료(Animal Assisted Therapy)는 애완동물치료(Pet Therapy)라고도 한다. 동물이 가진 행동 표정이 사람의 마음과 융화되어 이를 통해 사람과 사람 사이의 커뮤니케이션이 활성화된다. 그래서 내담자가 잊고 있었던 자신의 본질 혹은 삶의 활력을 되찾는 계기를 만들어낸다. 즉 동물매개치료는 특정 기준을 갖춘 동물이 인간의 정서적, 신체적, 인지적, 사회적 기능을 향상시키거나, 그것과 관련된 문제를 치료하는 것이라 볼 수 있다. 이는 동물매개활동(Animal Assisted Actitivities)과는 다르다. 동물매개활동은 교육적, 오락적 유익을 제공함을 통해, 인간에게 삶의 질을 향상시킬 기회를 제공하는 것이며, 특별히 훈련되어 특정 수준에 도달한 전문적이거나 준 전문적인 사람들, 자원봉사자들에 의해 이루어진다.
 동물매개치료는 내담자와 가장 감성적으로 소통할 수 있는 동물을 매개로 지체장애, 정신질환 같은 것을 치료하는 데 목적이 있다. 동물 매개치료에서 사용되는 동물은 장애인이나 내담자에게 여러 가지 서비스를 제공하기도 한다. 또한 운동량이 부족한 사람이라면 놀이나 산책을 함께할 수 있다. 규칙적으로 생활하는 것에 소홀하기 쉬운 독신 내담자면 동물이 매개가 됨으로써, 보다 규칙적인 생활을 하게 하여 건강을 증진시키는 등 긍정적인 효과를 낸다. 이런 효과들은 스트레스 유발을 최소화시킬 수 있다.

동물 매개치료는 인간이 질병, 상처, 심각한 정신적 충격 등을 얻었을 때, 치료 목적으로 동물을 개입시키는 것이다. 연구에 따르면, 동물매개치료를 통해 심신이 회복하게 되는 동기가 부여되고 사회 복귀나 사회 참여를 가능하게 하고 있다는 것이 입증되고 있다. 특히, 호스피스견 혹은 세라피독으로도 불리는 치료견의 개념은 고대 그리스 고증자료에서도 나오고 있는데, 국내에서도 아직 시작단계이긴 하지만, 말기 암 환자, 장애우, 독거내담자과 자폐아 등을 위해 치료견이 보급되고 있는 상황이다. 동물 매개치료의 효과를 보면 다음과 같다.

① 동물매개치료는 주변에서 쉽게 접할 수 있는 애완동물을 기르고 보살피면서 자연스럽게 정서 발달 및 사회성 증가가 이루어진다.

② 애완동물을 기르면서 애착이 형성되면, 건강하고 긍정적인 심리발달에 도움이 되어 우울증에서 벗어날 수 있다.

③ 동물을 돌보면서 동물의 욕구를 이해하려는 과정을 통해 타인을 이해하려는 감정이입 행동이 나타남으로써 정서가 발달하고 사회성이 증가한다.

④ 노인의 경우, 애완동물을 키우면 어린 시절의 애완동물에 대한 추억에 잠기게 하는 회상력과 장기 기억력 향상에 도움이 된다.

⑤ 동물매개치료는 자기효능감이나 자신감 같은 긍정적 정서를 증가시켜

심리적인 효과를 얻을 수 있다.

⑥ 인간과 동물의 상호작용은 인간의 건강에 긍정적인 효과를 나타내는데, 심장 장애의 위험 감소, 혈압 저하, 일반적으로 전반적인 건강증진 같은 신체적 효과가 나타난다.

부록

01 | 상담신청서

접수자		접수일	20 . . .

성 명		성별/나이	남 · 여 / 만 세
생년월일		연락처	
회사명		업무	
거주지	① 자가( ) ② 친척( ) ③ 기숙사( ) ④ 자취( ) ⑤ 기타( )			
신청경로	☐ 심리검사 결과　　　　　　☐ 자원 ☐ 기타(　　　)			

1. 현재의 문제나 고민사항

상담목적	☐ 직무스트레스	☐ 우울증	☐ 자존감	☐ 학업/진로
	☐ 정신건강	☐ 성	☐	☐ 컴퓨터/인터넷 사용
신청사유				
직무스트레스	정상군		위험군	고위험군
	정상군		위험군	고위험군
상담경험	① 아니오( ) ② 예( )(언제 : (개월) / 기관 :　　/ 이유 :)			
복용약물	① 없다( ) ② 있다( )(언제부터 :　/ 복용약물 :　)			

2. 가족사항(개인상담 신청자만 작성해주시기 바랍니다.)

관계	연령	직업	학력	종교	동거여부	친밀도(1 :매우 나쁨 – 5 :매우 좋음)			
						1	2	3	4	5
						1	2	3	4	5
						1	2	3	4	5
						1	2	3	4	5
						1	2	3	4	5

위와 같이 상담신청서를 제출한다.
20 년 월 일 신 청 자 :　　(서명)
00기관 귀중

02 | 상담 계약서

무용치료 과정에서 무용심리상담사와 내담자는 상호신뢰를 바탕으로 내담자의 문제를 해결하기 위하여 서로 노력한다. 성공적인 상담을 위해서 우리는 다음 사항에 동의하며 성실히 수행할 것을 약속한다.

1. 무용치료는 상담가나 전문 의사가 하는 정신질환, 질병, 약물 중독에 대한 치료가 아니다. 또한, 무용심리상담사는 법률에서 정한 면허나 자격을 갖추지 않았으므로 의학적 조언, 재정 원조, 법률 상담 등 법률이 정한 자격을 갖춘 행위에 대해서는 상담을 요구해서는 안 된다.

2. 무용치료는 기본적으로 내담자가 가지고 있는 다양한 삶 속에서 생기는 문제를 분석하여, 환경에 잘 적응하게 하며, 정신적으로 건강하게 하고, 효과적으로 지위와 역할을 수행하면서, 자신의 삶에 변화를 만들고, 결국은 원하는 성공에 이르고자 하는 사람들을 위한 것이다.

3. 무용치료는 삶 속에서 생기는 다양한 문제를 다루기 위해 고안된 것이다. 따라서 무용심리상담사는 모든 분야의 전문성을 가지고 모든 부분의 문제를 해결하거나 목표를 달성하게 하는 것이 아니라 특정 분야에 대한 심리상담사를 말한다. 따라서 내담자 _____는 _____분야에 대하여 상담을 받는다.

4. 무용치료에서 포함될 내용은 직무스트레스, 우울증, 경력 개발, 인간관계 향상, 자신감 획득, 생활 방식 관리, 시간관리, 자아 정체감 형성, 결정

내리기, 그리고 단기 또는 장기 목표 달성하기 등이 포함될 수 있다.

5. 무용치료는 기본적으로 __회기 동안 실시하기로 한다. 단 어느 때든 한편에서 관계를 끝낼 수는 있으며, 원하는 목표가 달성되면 바로 끝낼 수 있다.

6. 무용치료 방법은 면대면을 원칙으로 하나 경우에 따라서는 비대면, 전화나 이메일을 통하여 이루어질 수 있다.

7. 무용치료 과정에는 비전 세우기, 필기 과제 완성, 인생의 목표 세우기, 행동 실천하기, 생활방식 점검, 그리고 질문하기가 포함되므로 내담자는 이에 순응하여야 한다.

8. 무용치료는 신뢰에 있으므로 무용심리상담사와 내담자는 항상 솔직하고 정직하고 서로를 배려해야 한다.

9. 만일 상담 서비스에 대한 보수 문제가 포함될 것이라면, 상담을 시작하기 전에 양측은 스케줄, 비용, 결제수단, 사전 약속이 취소될 시 반환 문제를 거론해야 한다.
　예) 무용을 받는 비용은 _____원으로서 결제수단은 현금으로 상담이 시작되기 전에 입금하여야 한다. 중간에 계약이 취소될 시는 비용/기간으로 나누어 남은 기간을 곱하여 반환한다.

10. 상담은 비밀이 보장되는 내밀한 유대 관계이며, 무용심리상담사는 비

밀을 지키는 것이 법률을 위반하는 경우가 아닌 한, 모든 정보에 대해 엄격하게 비밀을 보장할 것을 동의한다.

무용심리상담사와 내담자는 위의 사항에 동의하며 그 결과를 아래와 같이 서명한다.

20 년 월 일

서명(내담자) : OOO
서명(무용심리상담사) : OOO

03 | **상담 일지**

내담자		전화번호	
상담일시		상담장소	
작성자		건강상태	
준비물			
상담 내용			
결과			

04 | 무용심리상담사 양성과정(2일 과정)

□ 교육 내용
- 교육기간 : 20 년 월 일( )~ 월 일( )
  오전 10 :00~오후 18 :00(총 15시간)
- 교육 장소 :
- 모집 인원 : 20명
- 수 강 료 : 30만원(강의 교재, 자격증 발급비 포함)

□ 배 경
- 무용 시장은 성장하는 단계이므로 전망이 매우 밝은 분야임
- 무용 시장의 확대로 무용심리상담사를 필요로 하는 곳이 많아짐으로써 무용심리상담사로 활동할 기회가 많음

□ 학습목표
- 무용심리상담사가 될 수 있다.
- 무용 컨설턴트가 될 수 있다.
- 무용치료 프로그램을 개발할 수 있다.
- 무용치료 프로그램을 적용할 수 있다.
- 무용 강사가 될 수 있다.
- 심리상담을 할 수 있다.

□ 모집 대상
- 심리상담사
- 심리상담 관련 종사자

◯ 무용관련 종사자
◯ 심리상담을 하고 싶은 자
◯ 무용을 좋아하는 자
◯ 무용을 배우고 싶은 자

□ 세부내용

구분	시간	강의 제목	강사
1일차	10:00~11:00	오리엔테이션 및 무용의 개념과 이해	
	11:00~12:00	무용치료의 정의와 필요성	
	13:00~14:00	무용심리상담사의 역할과 자질	
	14:00~15:00	무용치료의 이론적 배경	
	15:00~16:00	무용치료의 대상과 방법 1	
	16:00~18:00	무용치료의 대상과 방법 2	
2일차	10:00~11:00	무용치료와 다른 심리치료와의 비교	
	11:00~12:00	무용치료의 상담과정 1- 상담 준비	
	13:00~14:00	무용치료의 상담과정 2 - 상담 진행	
	14:00~15:00	무용치료의 상담과정 3 - 상담 종결	
	15:00~16:00	무용 지도 방법	
	16:00~17:00	실습	
	17:00~18:00	질의 응답 및 수료식	

05 | 무용심리상담사 양성과정(40시간 과정)

1. 사업 개요

☐ 사 업 명 : 형극심리상담사 양성 과정

☐ 교육 기간 : 20 년 월 일( )~ 월 일( )

　오전 09 :00~오후 13 :00(총 10회 40시간)

☐ 교육 장소 :

☐ 모집 인원 : 30명

☐ 수 강 료 : 무료

☐ 소요 예산 : 지자체의 예산에 따라 변경

☐ 위탁 기관 :

☐ 사업 범위
- 교육 프로그램 운영을 위한 전문 강사진 구성 및 섭외
- 과정 신청자 상담 접수 및 교육생 선발
- 과정 운영을 위한 전반적인 사항(교육장 준비, 강사 및 교육생 관리, 현수막 교재) 준비
- 회차별 교육 진행 후 강사 및 강의 평가를 통한 만족도 조사
- 학습 성과 제고를 위한 체계적인 학사관리
- 사업 종료 후 15일 이내 결과 보고서 및 사업 정산서 제출

2. 사업 목적

☐ 배 경
- 무용 시장은 성장하는 단계이므로 전망이 매우 밝은 분야임

○ 무용 시장의 확대로 무용 심리상담사를 필요로 하는 곳이 많아짐으로써 무용 심리상담사로 활동할 기회가 많음

☐ 학습목표
○ 무용심리상담사가 될 수 있다.
○ 무용 컨설턴트가 될 수 있다.
○ 무용치료 프로그램을 개발할 수 있다.
○ 무용치료 프로그램을 적용할 수 있다.
○ 무용 강사가 될 수 있다.
○ 심리상담을 할 수 있다.

3. 사업 내용

☐ 프로그램의 개발
○ 정책적으로 미래에 유망한 직업을 바탕으로 개발
○ 수강생들의 적극적인 참여를 유도할 수 있는 프로그램 개발
○ 과정 종료 후에 실질적인 도움이 될 수 있는 프로그램 개발
○ 수강생의 만족도가 높은 프로그램 개발
○ 과정 종료 후에 전원 취업할 수 있는 프로그램 개발
○ 유관 기관과 긴밀한 네트워크 형성을 통한 프로그램 개발

☐ 프로그램의 운영
○ 지속적인 참여를 위한 체계적인 학사관리 시스템 구축
○ 과정 진행 중 개인 면담을 통한 비전 설정
○ 수료 후 전부 취업할 수 있도록 맞춤형 진로 코칭
○ ○○시의 프로그램으로 안착할 수 있도록 운영

□ 모집 대상

○ 심리상담사

○ 심리상담 관련 종사자

○ 무용관련 종사자

○ 심리상담을 하고 싶은 자

○ 무용을 좋아하는 자

○ 무용을 배우고 싶은 자

□ 운영 인원

순서	구분	인원	업무
1	책임지도 강사	1명	전반적인 프로그램 운영
2	전문 강사	3명	수업 진행
3	보조 강사	1명	수업 보조

□ 홍보 계획

○ 관내 관련 기관에 수강생 모집 협조 공문 발송

○ 시청 홈페이지에 수강생 모집 홍보

○ 시청 관련 홈페이지에 수강생 모집 홍보

○ 관내 주민자치센터에 모집 홍보

○ 유관기관 및 관련 단체에 수강생 모집 협조

○ 현수막과 구전을 통한 홍보

□ 교육 일정

회차	일정	강의 제목	강사
1	월 일	오리엔테이션/ 무용치료의 개념과 이해 필요성	
2	월 일	무용심리상담사의 역할과 자질	
3	월 일	무용치료의 이론적 배경	
4	월 일	무용치료의 기능	
5	월 일	무용치료의 이론적 배경	
6	월 일	무용치료와 다른 심리치료와 비교	
7	월 일	무용치료의 상담과정 1	
8	월 일	무용치료의 상담과정 2	
9	월 일	무용 지도 방법	
10	월 일	무용치료 실습/ 수료식	

4. 교육 수료 후 진로

□ 기대 효과

○ 무용심리상담사가 될 수 있다.
○ 무용 코치가 될 수 있다.
○ 무용 컨설턴트가 될 수 있다.
○ 무용 프로그램을 개발할 수 있다.
○ 무용 프로그램을 적용할 수 있다.
○ 무용심리상담사가 되어 심리상담을 할 수 있다.

06 | 무용심리상담사 양성과정(100시간 과정)

1. 사업 개요

☐ 사 업 명 : 무용심리상담사 양성 과정

☐ 교육 기간 : 20 년 월 일(화)~ 월 일( )

   오전 09 :00~오후 13 :00(총 25회 100시간)

☐ 교육 장소 :

☐ 모집 인원 : 30명

☐ 수 강 료 : 기관의 실정에 따라 변경

☐ 위탁 기관 :

2. 사업 목적

☐ 배 경
- ○ 무용 시장은 성장하는 단계이므로 전망이 매우 밝은 분야임
- ○ 무용 시장의 확대로 무용심리상담사를 필요로 하는 곳이 많아짐으로써 무용심리상담사로 활동할 기회가 많음

☐ 학습목표
- ○ 무용심리상담사가 될 수 있다.
- ○ 무용 컨설턴트가 될 수 있다.
- ○ 무용치료 프로그램을 개발할 수 있다.
- ○ 무용치료 프로그램을 적용할 수 있다.
- ○ 무용 강사가 될 수 있다.

○ 심리상담을 할 수 있다.

3. 사업 내용

☐ 프로그램의 특징

○ 정책적으로 미래에 유망한 직업을 바탕으로 개발
○ 수강생들의 적극적인 참여를 유도할 수 있는 프로그램 개발
○ 과정 종료 후에 실질적인 도움이 될 수 있는 프로그램 개발
○ 수강생의 만족도가 높은 프로그램 개발
○ 과정 종료 후에 전원 취업할 수 있는 프로그램 개발
○ 유관 기관과 긴밀한 네트워크 형성을 통한 프로그램 개발

☐ 프로그램의 운영

○ 지속적인 참여를 위한 체계적인 학사관리 시스템 구축
○ 과정 진행 중 개인 면담을 통한 비전 설정
○ 수료 후 전부 취업할 수 있도록 맞춤형 진로 코칭

☐ 모집 대상

○ 심리상담사
○ 심리상담 관련 종사자
○ 무용관련 종사자
○ 심리상담을 하고 싶은 자
○ 무용을 좋아하는 자
○ 무용을 배우고 싶은 자

□ 교육 일정

회차	주제	강의 내용	방법
1	무용과 무용치료의 정의	오리엔테이션	강의
		무용의 정의와 역사	
		무용의 종류	
		무용의 정의와 무용의 역사	
2	무용치료의 기능	무용치료의 정의와 장점	강의
		신체 발달 기능	
		무용치료의 효과	
		무용치료의 필요성	
3	무용치료의 이론적 배경	정신역동적 접근의 무용치료 모형	강의
		현상학적 무용치료 모형	
		게슈탈트 무용치료 모형	
		간중심 무용치료 모형	
4	무용치료와 다른 심리치료와의 비교	심리치료 간의 차이점	강의
		여행치료	
		미술치료	
		음악치료	
5		독서치료	강의
		모래놀이치료	
		동물매개치료	
		이야기치료	
6		글쓰기치료	강의
		시치료	
		스마트치료	
		향기치료	

회차	주제	강의 내용	방법
7	무용심리상담사	무용심리상담사의 정의 무용심리상담사의 자질 무용심리상담사의 역할 무용심리상담사의 전망	강의
8	스트레스의 원인과 해결	스트레스의 정의와 원인 스트레스의 특징 스트레스의 증상 스트레스의 해소 방법	강의
9	무용치료 효과	ADHD 강박신경증 대화단절 언어 장애와 언어 지체	강의
10	무용치료 효과	우울증 사회성 부족 스트레스 심리적 이유기	강의
11	무용치료 효과	자폐증 정서불안 정서장애 집단 따돌림	강의
12	무용치료 효과	집중력 틱장애 품행장애 학습부진	강의 실습

회차	주제	강의 내용	방법
13	무용치료 상담 과정	접수	강의 실습
		상담의 시작	
		신뢰감 형성	
		문제 파악	
14		내담자 이해하기	강의 실습
		행동변화 촉진	
		피드백	
		상담 종결	
15	무용치료 적용 방법	주제 선정	강의 실습
		제목 설정	
		적용 계획 설계	
		학습목표와 원리 알려주기	
16		재료와 방법 선택	강의 실습
		질문하기	
		정리하기	
		총정리	
17	무용 지도방법	무용심리상담사의 정의	강의 실습
		무용심리상담사의 자질	
		무용심리상담사의 역할	
		무용심리상담사의 전망	
18		스트레스 해소 댄스	강의 실습
		우울감 해소 댄스	
		자존감 증진 댄스	
		행복 댄스	
19		자신감 증진 댄스	강의 실습
		기억력 증진 댄스	
		인지능력 증진 댄스	
		힐링 댄스	

회차	주제	강의 내용	방법
20	무용치료 실습	무용치료 실습 1	강의 실습
		무용치료 실습 2	
		무용치료 실습 3	
		무용치료 실습 4	
21	강사트레이닝	강의를 빛나게 하는 강의전략 및 교수법	강의 실습
		강의를 더욱 풍요롭게 하는 교수법	
		강의 효과를 높이는 핵심 강의전략	
		창의력과 상호작용을 높이는 교수법	
22	강사트레이닝	강의에 날개를 달아 주는 스피치	강의 실습
		강의에 보약이 되는 보디랭귀지	
		강사의 비언어적 커뮤니케이션	
		강의 옷차림 등 강사의 이미지메이킹	
23	검사지를 통한 진단 실습	검사지를 통한 진단 실습1	강의 실습
		검사지를 통한 진단 실습2	
		검사지를 통한 진단 실습3	
		검사지를 통한 진단 실습4	
24	실전 모의 강의1	실전 모의 강의 및 피드백1	실습
		실전 모의 강의 및 피드백2	
		실전 모의 강의 및 피드백3	
		실전 모의 강의 및 피드백4	
25	정리 및 수료	1 :1 개인코칭	강의
		강사 프로모션	
		과정 정리 및 평가	
		수료식	

4. 교육 수료 후 진로

○ 무용심리상담사가 될 수 있다.
○ 무용 컨설턴트가 될 수 있다.
○ 무용치료 프로그램을 개발할 수 있다.
○ 무용치료 프로그램을 적용할 수 있다.
○ 무용 강사가 될 수 있다.
○ 심리상담을 할 수 있다.

참고 문헌

경혜자·정혜전·선우현(2019). 무용심리진단평가에 나타난 가톨릭 수도자의 자기 및 타인 인식과 관계 특성 연구. 30(1). 9-41.
권정혜·김정범·조용래 역(2010). 『트라우마의 치유』. 서울 : 학지사..
김명숙(2015). 「무용치료를 통한 부부간의 역기능적 체계에 대한 사례연구」.한세대학교 대학원 박사학위논문.
김명희·이현경(2014). 『상담과 심리평가(아동 청소년을 위한)』. 교문사.
김보애(2004). 『신비스러운 모래놀이치료』. 서울 : 학지사.
김보애(2011). 『모래놀이치료의 이론과 실제』. 서울 : 학지사.
김정민(2005). 「아동에 우울수준에 따른 귀인성향 및 분노표현방식간의 관계」. 명지대학교 대학원.(이미영. 2006)
김청자(1980). 「무용의 입을 빌려 우리 애길 해봐요 김영란 청소년 내일 여성센터부설 성교육센터 특집기사 - 심리치료적 무용이 메소드 연구」.
류현수·임영서(2014). 『아동상담』. 동문사.
민현정(2003). 「우울성향아동에 대한 게슈탈트 집단 프로그램개발 및 효과」. 성신여자대학교 대학원.
박재훈(2012). 「가족놀이치료를 통한 희귀난치성 질환 환우 가족의 상호작용 변화 연구」. 명지대학교 대학원.
서동희(2005). 연극치료의 극작술(Dramatrugy)의 연구 : 최인훈 희곡을 중심으로. 서울 : 이화여자대학교 대학원 석사학위논문.
송신선(2008). 「우울 및 공격성향 아동의 실버그림검사 반응특징 연구」. 서울여자대학교 대학원.
신민섭(2007). 『그림을 통한 아동의 진단과 이해』. 학지사.
윤자영(2008). 「집단게임놀이치료가 우울 아동의 우울 및 생활만족도에 미치는 영향」. 명지대학교
이금순. 최광현(2018). 무용치료 집단프로그램이 청소년 자녀와 모의 자아정체감에 미치는 효과. 16(2). 57-67
이동탁(1996). 『우울증 인지 치료』. 학지사.
이부영(2011). 『분석심리학 - C. G. Jung의 인간심성론』. 서울 : 일조각.

정옥분(2002). 『아동발달의 이해』. 학지사.
정여주(2003). 『미술치료의 이해』. 학지사.
조수철. 이영식(1990). 「한국형 소아우울척도의 개발」. 신경정신의학회 29(4). 943-956.
최경숙 외(2005). 『아동발달』. 창지사.
최광현(2001). 『아동기 행동장애』. 시그마프레스.
최광현(2010). 「가족희생양 역할을 수행한 청소년 내담자에 대한 트라우마 가족치료」. 한국청소년시설환경학회.9(4).13-1.
최광현(2013). 『무용치료 : 트라우마 가족치료에 대한 적용』. 서울 : 학지사.
최덕경. 박영옥 외(2014). 『정신건강론』. 창지사.
최명선. 홍기목 외(2012). 『아동상담 처음부터 끝까지』. 이담북스.
최신일(2001). 「질적 연구의 철학적 배경」. 초등교육연구논총
최옥채 외(2005). 『인간행동과 사회환경』. 양서원.
최정임(2018). 무용치료 집단프로그램이 여성 상담자들의 심리적 소진과 자아탄력성에 미치는 효과. 8(5). 189-197.
추정선 외(1999). 『아동발달심리』. 학지사.
허숙. 유혜령 편(1997). 『교육현상의 재개념화 - 현상학. 해석학. 탈현대주의적 이해』. 서울 : 교육과학사.
한유진·노남숙(2005).무용과 무용을 활용한 여대생의 자기 발견 프로그램 개발 연구.명지대학교 여성가족생활연구소. 181-208.
칼 구스타프 융(1996). 이윤기 번역. 『인간의 상징』.열린책들.
Allen C. Israel ; R. Wicks-Nelson 공저(2001). 『아동기 행동장애』. 시그마프레스..
Botton. A. de & Armstrong. J.(2013). 김한영역. 『알랭 드 보통의 영혼의 미술관』 서울 : 문학동네
Colin Goldner) 편집(1996). 『우울증 인지 치료』. 학지사.
Jung. C. G. 외 5명(1996). 『인간과 상징』 서울 : 열린책들.
Jung. C. G.(2007). 『카를 Jung 기억 꿈 사상』 서울 : 김영사.
Kenzo Tenma(2008). 『우울한아이 무조건 쉬어야 한다』. 알마.

저자 소개

심미경

저자 심미경은 성균관 대학교 무용학과를 졸업하고, 숙명여자대학교 전통예술대학원 전통무용학과를 중퇴하였으며, 각종 전통무용 공연에 참여하였다.

심미경 무용학원을 성공리에 운영하였으며, 실력을 인정받아 2002년 "청소년을 위한 무용 축제"를 기획하였으며, 2018년 "춤 가을 빛에 물들다" 발표회를 가졌으며. 현재 전국의 평생교육 기관과 대학교 평생교육원, 기업체 연수원, 문화센터에서 인생을 행복하게 만들어주는 무용 관련 강의를 하고 있다.

현재는 한국무용치료협회를 설립하여 무용심리 프로그램을 개발하여, 무용과 심리상담과의 융합을 통하여 무용계의 일자리 창출에 기여하고 있다. 한국해피댄스협회, 한국힐링댄스협회, 한국요가댄스협회, 한국큐티댄스협회 등을 창립하고 있으며, 그에 따른 해피댄스, 힐링댄스, 요가댄스, 큐티댄스 프로그램을 창안하여 보급하고 있으며, 문하생과 후학들을 길러내고 있다. 저서로는 「무용치료의 이론과 실제」, 「인생을 행복하게 하는 해피댄스」, 「한국 전통 무용의 이론과 실제」 등이 있다.

무용치료의 이론과 실제

초판1쇄 인쇄 - 2025년 8월 15일

초판1쇄 발행 - 2025년 8월 15일

지은이 - 심미경

펴낸이 - 박영희

출판사 - 새움아트

경기 파주시 문발로 214-12 1층

전화 010-3248-0515

e-mail - saewoomart@naver.com

등록번호 - 제406-2018-000048호

※ 잘못된 책은 바꾸어 드립니다.

※ 무단복제를 금합니다.

ISBN 979-11-992341-7-8 (13680)

값 15,000